Inge Patsch
Vertrau auf dein Gefühl und lebe mutig

W0088261

topos taschenbücher, Band 1017
Eine Produktion der Verlagsanstalt Tyrolia

Inge Patsch

Vertrau auf dein Gefühl und lebe mutig

topos taschenbücher

Verlagsgemeinschaft topos plus
Butzon & Bercker, Kevelaer
Don Bosco, München
Echter, Würzburg
Lahn-Verlag, Kevelaer
Matthias Grünewald Verlag, Ostfildern
Paulusverlag, Freiburg (Schweiz)
Verlag Friedrich Pustet, Regensburg
Tyrolia, Innsbruck

**Eine Initiative der
Verlagsgruppe engagement**

www.topos-taschenbuecher.de

Bibliografische Information der Deutschen Nationalbibliothek
Die Deutsche Nationalbibliothek verzeichnet diese Publikation in der
Deutschen Nationalbibliografie; detaillierte bibliografische Daten
sind im Internet unter http://dnb.d-nb.de abrufbar.

ISBN: 978-3-8367-1017-6
E-Pub: ISBN 978-3-8367-6088-1

Überarbeitete Neuausgabe
2017 Verlagsgemeinschaft topos plus, Kevelaer
Das © und die inhaltliche Verantwortung liegen bei der
Verlagsanstalt Tyrolia, Innsbruck
Umschlagabbildung: photocase.de (photocasehb6itudb3utue)
Einband- und Reihengestaltung: Finken & Bumiller, Stuttgart
Satz: Tyrolia-Verlag, Innsbruck
Herstellung: Friedrich Pustet, Regensburg
Printed in Germany

Ich hab das feste Vertrauen,
dass uns das Wesentliche geschenkt wird
und dass wir uns darum
jetzt keine Sorgen machen sollen!

Maria von Wedemeyer an ihren Verlobten
Dietrich Bonhoeffer

Inhalt

Behalt das Leben lieb

In einer Zeit der Krise bekam ich eine Karte geschenkt: „Behalt das Leben lieb." Ich weiß noch gut, wie diese Aufforderung ein leises Lächeln auf mein Gesicht zauberte. Ebenso gut weiß ich, dass es schwer ist, sich trösten zu lassen. Ich begab mich auf die Suche und fand bei Dietrich Boenhoeffer Trost und bei Romano Guardini Erkenntnis.

„Ja, es ist wahr, dass Zeiten der Bewährung ein Geschenk sind. Man nimmt sie so leicht immer nur als Last, bis man dann plötzlich zurückschauend erkennt, wie man beschenkt wurde."[1]

Ich kann mich nicht selbst trösten und freue mich über die Möglichkeit, in Büchern Gedanken zu finden, bei denen ich spüre, dass der Mensch, der dies geschrieben hat, meinem Fühlen und meinem Denken auf die Sprünge hilft.

„Am Anfang meiner Existenz steht nicht ein Entschluss von mir selbst, zu sein. Sondern am Anfang meiner Existenz steht eine Initiative, ein Jemand, der mich mir gegeben hat."[2]

Ich ließ diese Texte in mir wirken, begann nachzudenken und es wurde mir bewusst, dass mein Leben, trotz einer schwierigen Zeit, ein Geschenk ist.

Am Anfang meines Lebens stand nicht mein Entschluss, dass ich leben will. Wer wollte, dass ich lebe? Waren es meine Eltern, waren es Gott, eine geheimnisvolle Kraft oder das Leben selbst? Natürlich gibt es naturwissenschaftliche Erklärungen wie Leben entsteht. Trotzdem bleibt das Wesen des Lebens ein Geheimnis. Woher ich auch komme, mir wurde klar, ich habe mich nicht selbst gemacht, sondern ich wurde mir geschenkt. Wie viele andere Menschen bin ich ein Kind des Zufalls und außerdem war ich weder erwünscht noch geplant. Obwohl ich am Beginn meines Lebens nichts geleistet habe, bin ich auf die Welt gekommen. Der Gedanke, das Leben lieb zu behalten, schenkte mir neben einem Lächeln auch die Erkenntnis, dass das Leben ein Geheimnis bleibt. Das Leben als Geheimnis zu betrachten kann anregend sein und spannend. Geheimnisse ermöglichen Staunen und Respekt und jeder Mensch kann sich entscheiden, das Leben als Geheimnis lieb zu haben.

Ein Geheimnis zu lieben ist eine große Herausforderung, weil man nie genau weiß, was auf einen zukommt. Wir hätten so gerne Sicherheit, doch im Geheimnis des Lebens schlummert Gewissheit. Mit Gewissheit meine ich jene Unerschütterlichkeit und Unbeirrbarkeit, die ohne Überheblichkeit auskommt und nicht meint, dass gute Planung ein perfektes Ergebnis erzielen muss. Die meisten von uns haben gelernt, was sie tun müssen, dass ihnen nichts passiert. In der Werbung erfahren wir täglich, dass uns weder Schnupfen noch Grippe, weder Krankheit noch Unfall oder sonstige Unannehmlichkeiten zustoßen, wenn wir richtig leben. „Richtig leben" heißt zu wissen, was wir tun müssen, um nicht krank, arbeitslos und vor allem nicht unglücklich zu werden. Diese Einstellung dient dem Funktionieren und Konsumieren, doch sie weiß nichts vom wirklichen Leben, vom überraschenden Gelingen und von Missgeschicken, die wir nicht vermeiden können.

Die Gewissheit des Lebens hat sehr wenig mit Sicherheit zu tun. Sicherheiten aufzugeben bedeutet, eigene Vorstellungen und Zielfixierungen zu verlassen. Wer auf die Qualität des nächsten Schrittes achtet, beschenkt sich und sein Leben.

Leben spüren wir in der Erfahrung von Freude und Trauer, von Fröhlichkeit und im Schmerz, von Gelassenheit und Ärger. Freude und Schmerz sind Empfindungen des Lebendigen; wir können beides nicht gut beschreiben und noch weniger beweisen.

Wer davon überzeugt ist, dass man mit der „richtigen" Lebensweise die unangenehmen Seiten des Lebens verhindern kann, den lade ich ein, das Kapitel „Mutig leben" zu lesen.

Manche Menschen verwechseln Glück mit Freude. Viele jagen nach dem Glück und wissen nicht genau, was Glück ist. Sie leben in der Wenn-dann-Strategie. „Wenn wir dieses Auto haben, dann sind wir glücklich." „Wenn wir uns diesen Urlaub leisten können, dann geht es uns gut." Sobald sie sich jenen Urlaub leisten können, den sie sich wünschen, sind sie enttäuscht, dass das Glück nicht dort ist, wo sie auf Urlaub sind. Zwischen Orientierung und Fixierung zu unterscheiden befreit das Leben vom Zwang. Zwanghafte Absichten hängen in der Regel mit hohen Ansprüchen an die Außenwelt und an sich selbst zusammen. Je mehr wir erwarten, desto häufiger übersehen wir das, was tatsächlich auf uns wartet. Durch überhöhte Erwartungen an das Leben entstehen Unzufriedenheit und Undankbarkeit. Die Partnerschaft soll immer harmonisch, die berufliche Tätigkeit soll erfüllend und sinnvoll und der Körper soll fit bis ins hohe Alter sein. Vielfach wird darauf vergessen, dass diese Ansprüche kaum umzusetzen sind. Diverse Ratgeber versprechen zwar jenen, die Rezepte genauestens befolgen, vollkommenes Gelingen. Das trifft jedoch selten ein, z. B. kann eine Bergtour auch gelingen, wenn ein Schlechtwettereinbruch den Gipfelsieg verhindert. Vor allem sollten wir bedenken, dass Gipfel keine Wohnorte sind. Ständig „on top" ist eine Lebensweise, die überfordert, und daher sollten wir unseren Mut zur Absichtslosigkeit beleben. Absichtslos zu handeln bedeutet, dass ich nicht mehr an die Erwartungen gebunden bin, wie sich Dinge entwickeln müssen. Absichtslosigkeit in der Planung und im Handeln bedeutet, ich kämpfe nicht mehr darum, dass sich die Umstände meinen Wünschen beugen. Trotzdem sollte ich mein Bestes geben.

Zwischen Orientierung und Fixierung zu unterscheiden ist eine hilfreiche Lebenseinstellung. Darüber hinaus könnte die Unabhängigkeit von der Bewertung anderer Menschen zu ganz neuen Erfahrungen führen. Als Philipp Lahm, langjähriger Kapitän der deutschen Fußballnationalmannschaft, in einem Interview darauf angesprochen wurde, dass Leistungssportler hauptsächlich an ihrem Erfolg gemessen werden, sagte er: „Ja, so ist es – und ich habe das Glück, dass es bei mir funktioniert hat. Aber ich wäre ohne den Gewinn der Champions League oder der Weltmeisterschaft kein anderer Spieler gewesen. Meine Leistungen wären dieselben, nur die Bewertung wäre eine andere."[3]

Besonders in stürmischen Zeiten, wenn sich Schönwetterfreunde verabschiedet haben, wird die Sichtweise, dass das Leben ein Geschenk sei, auf eine harte Probe gestellt. Die seelische Widerstandskraft, die Resilienz, beruht auf dem Vertrauen ins Leben, auf dem Bewusstsein, sein Bestes gegeben zu haben, auch wenn dies von anderen nicht so gesehen wird.

Vielleicht bedeutet das Leben lieb zu haben die Fragen lieb haben, die uns das Leben stellt. Im Laufe unseres Lebens kommt sehr Unterschiedliches daher. In jungen Jahren fordert das Leben etwas anderes als in der Mitte des Lebens. Vor allem fragt es uns nicht nur nach Aktivität und Nützlichkeit. Das Leben lässt sich manchmal eigenartige Dinge einfallen, damit wir uns der guten Passivität langsam nähern können. Im Älterwerden brauchen wir vermehrt die Fähigkeiten der Geduld, der Gelassenheit und des Warten-Könnens. Jeder Mensch kann selbst entscheiden, ob er dem Leben vertraut oder nicht, ob er offen ist für die „unsichere Gewissheit". Der scharfsinnige Verstand erklärt uns, dass Unsicherheit und Gewissheit nicht zusammenpassen. Lebenskunst könnte darin bestehen, diese Paradoxie zu respektieren; um mutig leben zu können, ist diese grundsätzliche Akzeptanz sehr wesentlich.

Die Spiritualität des Ignatius von Loyola begleitet mich seit mehr als vierzig Jahren. In herausfordernden Lebenslagen taucht eine seiner Empfehlungen immer wieder auf: „Vertraue so auf Gott, als ob der Erfolg der Dinge ganz von dir, nicht von Gott abhinge; wende dennoch dabei alle Mühe so an, als ob du nichts, Gott allein alles tun würde." Besonders hilfreich empfand ich diese Empfehlung, als ich schon mehr von mir gefordert hatte, als sinnvoll war. Keineswegs ist dies eine Einladung zu Fatalismus und dient auch nicht als Freibrief für Bequemlichkeit. Vielmehr stärkt es den Respekt vor menschlicher Begrenztheit, ohne zu verzweifeln oder gar zu resignieren.

Ziemlich oft stellte ich mir die Frage: „Habe ich mein Bestes gegeben?" Dabei entdeckte ich, dass die Art und Weise des jeweils Besten auch von Dingen abhängt, die ich nicht beeinflussen kann. Als ich das erste Mal vor mehr als dreihundert Menschen einen Vortrag halten sollte, tauchte in mir eine Mischung aus Kraftlosigkeit, Hilflosigkeit und Ergebenheit zugleich auf. Manche würden es als Lampenfieber bezeichnen. Als ich entdeckte, dass Lampenfieber Respekt vor den Menschen ist, die mir zuhören, sagte ich mir, dass es völlig egal ist, ob dreißig oder dreihundert zuhören. Der innere Zustand von vertrauensvoller Ergebenheit ist keine Garantie, dass meine Gedanken auch ankommen werden. Das Vertrauen in Gott stärkt meine Gewissheit, dass ich in der Vorbereitung das Meine getan habe und im Augenblick darauf angewiesen bin, dass mir jene Inhalte einfallen, die ich gerne teilen möchte.

Das Leben stellt Fragen

In der Geschichte der Philosophie finden wir eine Fülle von Erkenntnissen, die auf dem Weg zu einem gelingenden Leben hilfreich sein können. Alle Weltreligionen bieten Gebote und ein Basiswissen für menschliche Gemeinschaften an. Diese Orientierungen behalten ihre Gültigkeit, obwohl sie nicht von allen beherzigt werden. Ob religiöse oder philosophische Grundlagen, keine einzige nimmt uns unsere persönliche Entscheidung ab. Trotzdem ist es eine lohnende Herausforderung, sich von unterschiedlichen Sichtweisen inspirieren zu lassen. Viktor E. Frankl verdanken wir eine ganz besondere Inspiration: „Das Leben selbst ist es, das dem Menschen Fragen stellt. Er hat nicht zu fragen, er ist vielmehr der vom Leben Befragte, der dem Leben zu antworten, das Leben zu verantworten hat."[4]

In der Logotherapie wird diese Ermutigung als kopernikanische Wende bezeichnet. Was heißt das? Nikolaus Kopernikus (1473–1543) war Arzt und widmete sich intensiv der Mathematik und Astronomie. Bis zum Beginn der Neuzeit glaubten die Menschen, dass sich die Sonne um die Erde dreht. Mit Kopernikus kam die Wende: Die Erde dreht sich um die Sonne. Viktor E. Frankl bescherte uns ebenfalls eine Wende. Nicht wir sagen dem Leben, was es uns zu bieten hat, sondern das Leben möchte wissen, was wir ihm bieten können.

Jeder Mensch kann frei entscheiden, ob er dies unter dem Gesichtspunkt der Kritik liest oder ob er sich davon berühren lässt. Lebensfragen im Sinne der Logotherapie wahrzunehmen bedeutet, sich selbst und alles Lebendige ernst zu nehmen. Das Lebendige ist nicht immer das, was wir planen und konstruieren. Lebensfragen betreffen das persönliche Leben in der Beziehung zu anderen Menschen, zur Natur, zur Kultur und zu Gott.

Für Viktor E. Frankl bestand sinnvolles Leben in einer guten Verbindung zwischen der Realität und den Möglichkeiten, die von Menschen verwirklicht werden können. Sinnvolles und erfülltes Leben kennt die Polaritäten des Lebens; Gelingen und Scheitern gehören ebenso dazu wie der Rhythmus von Tag und Nacht. Das Leben ist manchmal wie ein Hindernisparcour. Je mehr wir die Hindernisse bekämpfen, die sich unseren Zielen in den Weg stellen, umso weniger Kraft haben wir für unsere Herzensanliegen.

Beantworte ich meine Lebensfragen oder jene meiner Mitmenschen?

Vermutlich aus falsch verstandener Rücksicht geschehen jede Menge Missverständnisse. Da versucht man der eigenen Mutter eine Freude zu machen und lädt sie zu einem Ausflug ein, obwohl man selbst den Tag lieber mit Freunden verbracht hätte. Die Stimmung ist vom Bemühen geprägt die Mutter zu erfreuen, doch das misslingt. Beim Mittagessen hätte sie doch den Kalbsbraten nehmen sollen und der Spaziergang war auch zu anstrengend, weil sie keine geeigneten Schuhe anhatte. Am Abend sagt dann die Mutter: „Ich hab' es ja gewusst, dass es mir zu anstrengend sein wird. Aber ich wollte dich nicht enttäuschen."

Unsere Vorstellungen decken sich nicht immer mit jenen unserer Mitmenschen. Reden hilft in vielen Situationen auch nicht weiter. Da nützen auch keine Kommunikationsstrategien, da Worte nur dort hilfreich sind, wo die Wellenlänge übereinstimmt. Wer anderen Menschen eine Freude machen will, ist gut beraten zu bedenken, dass es unterschiedliche Interessen gibt. Wir können die Lebensfragen, die unsere Mitmenschen für sich selbst beantworten müssen, nicht übernehmen. Wir stecken nicht in der Lebenslage unserer Eltern, trotzdem wünschen wir uns von ihnen, dass sie eine Einstellung zum Älterwerden finden, die wir mittragen können, denn abnehmen können wir ihnen das Altwerden nicht.

Wir sollten unseren Mitmenschen zutrauen und zumuten, dass sie Fragen, die ihnen das Leben stellt, selbst beantworten können. Diese innere Haltung stärkt den Respekt vor dem Du und dient einer realistischen Sichtweise.

Um sich selbst zu erkennen, sind Fragen, die zum Innenhalten bewegen, wirksamer und sinnvoller als Appelle.

Inspiration zur Lebenskunst

- Kann ich mich mit anderen mitfreuen?
- Wie geht es mir, wenn ich einen Wert, der mir am Herzen liegt, nicht mit anderen teilen kann?
- Wie geht es mir, wenn andere sich vergnügen und ich nicht dabei sein kann?

Das heilige Nichttun

Martin Schleske, ein Geigenbauer, schildert in seinem Buch „Herztöne", was erforderlich ist, dass aus einem Stück Holz eine Geige wird, und wie uns diese Erkenntnisse auf dem Weg zum Menschsein helfen könnten.

> Die Selbsttätigkeit oder das heilige Nichttun, [...], bedeutet nicht, dass alles von selbst geht oder dass es nicht viele Jahre an Disziplin und Durchhaltevermögen erfordern würde, ein Instrument zu erlernen. Sondern es bedeutet, dass man äußerlich oder handwerklich ‚nach menschlichen Regeln' so viel Können erworben hat und innerlich oder seelisch so viel Vertrauen ‚in die Weisungen des Himmels' gewonnen hat, dass man sich spielen lässt.[5]

Das Nichttun kann auf das „s" im Nichtstun verzichten. Lassen wir uns von der Kreativität inspirieren. Wofür könnte das „s" stehen? Worauf könnten wir verzichten? Auf Sorgen, auf Schnelligkeit, auf Sensationen, auf Selbstquälerei und Selbstanklage. Viel zu schnell meinen viele, dass Nichttun „nichts tun" bedeutet. Das Nichttun stärkt unsere Ehrfurcht vor dem Leben, die Geduld, das Warten-Können und vor allem das Vertrauen. Vermutlich schenkt uns das Nichttun die gute Erinnerung an das, was wir bereits geleistet und bewältigt haben. Viktor E. Frankl verwendet in diesem Zusammenhang den Begriff der vollen Scheunen: In der Vergangenheit ist alles unverlierbar geborgen. Das Nichttun verlangt von uns die Bereitschaft, in Ruhe nachzudenken, ohne sofort ein bestimmtes Ergebnis anzustreben. Wird im Besinnen unsere innere Unruhe zu groß, könnte es hilfreich sein, das Wort „Vertrauen" aufzuschreiben und immer wieder zu lesen. Nichttun fordert Übung und ungewöhnliche Ideen.

Da sich das Nichttun der Wenn-Dann-Strategie entzieht, gibt es dafür kein Rezept. Wir finden ähnliche Beschreibungen dieses Nichttuns in Gedichten und Geschichten. Rainer Maria Rilke beschreibt es in den Briefen an einen jungen Dichter: „Man muss Geduld haben gegen das Ungelöste im Herzen." Eindrücklich ist nach wie vor das alte Bild vom Grashalm, der nicht schneller wächst, wenn man daran zieht.

Ob und welche konkreten Vorteile „heiliges Nichttun" hat, kann man nur selbst erfahren. Es könnte sein, dass im Nichttun eine Landebahn für neue Gedanken entsteht. Der Versuch, neue Gedanken zu denken, ist eine sinnvolle Möglichkeit die gute Passivität zu üben. Wer Aktivität und Rationalität zum Lebensinhalt erhebt, folgt irrealen Versprechungen. Irgendwann wird wohl jeder Mensch mit Tatsachen konfrontiert, die Leistungsfähigkeit verhindern. Niemand kann voraus berechnen, wann das Leben das Nichttun fordert. Wer immer wieder einmal das „heilige Nichttun" ausprobiert, stärkt sein Wartevermögen und seine vertrauende Gelassenheit.

Die heilende Kraft der Selbstannahme

Sich selbst annehmen können hat weniger mit den äußeren Gegebenheiten und dem sozialen Umfeld zu tun, als mit der persönlichen Einstellung zum Leben. Aus Sicht der Logotherapie bedeutet Selbstannahme: „Ich sage Ja zu meinem Leben, zu mir, zu meinen Fähigkeiten und Talenten und zur Welt, in der ich lebe."

Selbstannahme bedeutet auch, dass ich mir zutraue unterschiedliche Lebenssituationen zu bewältigen. Ich verzichte darauf, dem Leben und anderen Menschen Bedingungen zu stellen, damit ich Ja sagen kann. Es ist ähnlich wie beim Kartenspiel: Mit guten Karten gut zu spielen ist keine große Kunst. Wenn ich beim Kartenspielen entdecke, dass ich schlechte Karten habe, und aus diesem Grund nicht mehr mitspiele, bin ich ein Spielverderber. Zur echten Herausforderung wird das Spiel – auch im Leben –, wenn ich schlechte Karten habe und trotzdem nicht aufgebe. An den Karten kann ich nichts ändern, doch ich kann entscheiden, ob ich trotz des schlechten Blattes spiele.

Im Unterschied zum Leben ist unsere Freiheit kein Geschenk. Sie wird errungen oder wie Heinrich Böll sagt: „Freiheit wird nie geschenkt, immer nur gewonnen."

Für mich liegt die heilende Kraft der Selbstannahme in der Bereitschaft, Bedingungen, die ich nicht ändern kann, zu akzeptieren, meine persönliche Freiheit zu respektieren und dafür auch die Verantwortung zu übernehmen. Wenn sich der Großteil der Familie schwertut, zu mir Ja zu sagen, dann kann ich dieses Ja selbst zu mir und zu meinem Leben sagen. Zugegeben: Dies ist eine Art Leistungssport im alltäglichen Leben, für den wir keine Medaillen bekommen.

Aphorismen und Gedichte beschreiben Selbstannahme wesentlich besser als eine To-do-Liste:

Sei wer du bist und sag, was du fühlst!
Denn die, die das stört, zählen nicht und die, die zählen,
stört es nicht.
Theodor Seuss Geisel

Sollte ich es einmal schaffen
neben dir bei mir zu bleiben
ohne mich verschließen zu müssen
dann werde ich zu dir gehen können
ohne Furcht
Erika Pluhar

Die heilende Kraft der Selbstannahme entsteht auch durch Treue, durch Selbsttreue und durch Treue zu jenen Werten, die mir am Herzen liegen. Ein so genanntes Kraftlied im Tiroler Dialekt beginnt mit einem Zuspruch zu sich selbst: „I derf so sein, so wia i bin." Das ist der erste Schritt zur Selbstannahme und irgendwann kann man auch singen: „Ich bin so gern, so wia i bin." Sich selbst sagen zu können, ich bin gerne ich, hat wesentlich weniger mit Egoismus zu tun, als man vermutet. Wer zu sich und zu seinem Leben aus innerer Überzeugung Ja sagen kann, ist nicht mehr auf das Lob anderer angewiesen. Es ist ein sehr großer Unterschied, ob ein Mensch sehnsüchtig auf Anerkennung wartet, oder ob er in sich ruht. Diese Verschiedenheit ist atmosphärisch wahrnehmbar. Ein Mensch, der in sich ruht, strahlt Interesse und Gelassenheit aus und geht auch das Wagnis ein, Dinge zu tun, die anderen nicht gefallen. Uwe Böschemeyer, persönlicher Schüler Viktor E. Frankls, schreibt dazu:

> Wer immer es in dieser Welt riskiert, das Beste, sein eigenes Wesen nämlich, aus sich herauszuleben, wird damit zu rechnen haben, dass die Meute der Konformisten und Konventionalisten sich an seine Fersen heftet, um ihn zu Fall zu bringen. Denn keiner scheint sie wütender zu machen als der, der seinen eigenen Weg geht. Und trotzdem: Wer immer es wagt, sich selber treu zu sein, wird auch erfahren, dass ihm das Leben selbst die Treue hält.[6]

Psychologie wird zum Psychologismus, wenn innere Beweggründe von Menschen mit teilweise fadenscheinigen Erklärungen analysiert werden. Sich in die Lebenslage eines Menschen einfühlen zu können wäre sehr bereichernd. Dazu bedarf es eben nicht nur der wissenschaftlichen Ratio, sondern auch der Intuition und des Gespürs für ein gutes Wort zum geeigneten Zeitpunkt.

Ida ist mit Daniela befreundet und erzählt, dass sie ein bestimmtes Thema Daniela gegenüber nie ansprechen darf, sonst gäbe es einen Riss in ihrer Freundschaft. Als Ida sich selbst deswegen als feige bezeichnet, frage ich nach, ob es nicht eher Respekt anstelle von Feigheit sein könnte? Ida ist erstaunt und meint: „Als Respekt habe ich mein Schweigen nicht gesehen, aber diese Möglichkeit wärmt meine Seele."

Einfühlungsvermögen und Gelassenheit sind nicht theoretisch erlernbar und lassen sich wissenschaftlich kaum beweisen. Empathie ist in der Stimmung spürbar, in der mir ein Mensch begegnet. Wohlwollen anstelle des Verdachts stärkt Menschen und viele könnten durch das Verständnis, das man ihnen entgegenbringt, entdecken, dass sie besser sind als sie selbst denken. Zur heilenden Kraft der Selbstannahme gehört wesentlich der Mut, nicht den Vorstellungen zu entsprechen, die man meint, erfüllen zu müssen.

Selbstannahme hat mit Selbsterkenntnis und echter Liebesfähigkeit zu tun. „Erkenne dich selbst" und „Nichts im Übermaß" steht am Eingang zum Orakel in Delphi. Wer sich selbst kennt, weiß auch um die eigenen Ecken und Kanten.

Spüre ich, was zu mir passt und was nicht? Nehme ich wahr, in welchen Situationen ich mich wohl fühle, und erkenne ich, wann die Übellaunigkeit größer wird? Könnte es sein, dass sich Unbehagen in mir immer dann ausbreitet, wenn ich etwas leisten soll, was nur andere von mir erwarten?

Wer sich selbst nicht annehmen kann, verlangt unbewusst, dass andere ihn sehen und ihm das geben, was er sich selbst nicht geben kann. Sich mit den Bruchstücken des Lebens zu versöhnen ist eine große Aufgabe und erfordert sehr viel Auseinandersetzung mit persönlichen Eigenheiten und mit den Menschen, die einem nahestehen.

Inspiration zur Lebenskunst

- Kenne ich meine eigenen Wesenszüge?
- Was fördert mein Verständnis für mich selbst?
- Mit welchen Einschränkungen oder Anfälligkeiten meines Körpers muss ich leben?
- Worauf reagiert mein Körper besonders empfindlich?

Im Lukas-Evangelium 9,23 steht: „Wer mein Jünger sein will, der verleugne sich selbst, nehme täglich sein Kreuz auf sich und folge mir nach." Schon als Kind ahnte ich, dass ich das Wort „verleugnen" anders verstehe, als es mir vermittelt wurde. Viele Jahre später entdeckte ich, dass es unterschiedliche Übersetzungen der Bibel gibt. Ich kann nicht Hebräisch, aber ich habe nachgefragt: „Was heißt auf Hebräisch verleugnen?" Die Auskunft lautete: „Weißt du, das Wort ‚verleugnen' gibt es auf Hebräisch nicht; am ehesten heißt es versöhnen." Diesen Moment habe ich nie mehr vergessen. In den Evangelien gibt es doch immer wieder herausfordernde Botschaften, die ein sinnvolles und erfülltes Leben im Blick haben. Es heißt also: Die alltäglichen Belastungen auf mich zu nehmen, mich mit den Ecken und Kanten meines Charakters, mit den Anfälligkeiten meines Körpers und den Grenzen meines Denkens zu versöhnen. Sich mit dem Unvollkommenen, mit den Bruchstücken des Lebens zu versöhnen ist eine große Aufgabe und fordert sehr viel Auseinandersetzung mit sich selbst und dem Leben. Es bedeutet, dass ich auf meine Ichbezogenheit verzichte und mutig nachfrage, wie es den Mitmenschen mit mir ergeht.

Ich kann nicht wollen wollen

Denjenigen Schülern, die naiv darauf vertrauten, dass sich nichts erreichen lässt ohne den entschiedenen Willen dazu, konnte der Meister sagen: „Die besten Dinge im Leben können nicht durch Willenskraft Wirklichkeit werden.

Du kannst mit Willenskraft Essen in deinen Mund stecken, aber nicht mit Willenskraft Appetit bekommen. Du kannst dich mit Willenskraft ins Bett legen, aber nicht mit Willenskraft einschlafen. Du kannst mit Willenskraft jemandem ein Kompliment machen, aber nicht mit Willenskraft Bewunderung wecken. Du kannst mit Willenskraft ein Geheimnis mitteilen, aber nicht mit Willenskraft Vertrauen schaffen. Du kannst mit Willenskraft einen Dienst erweisen, aber nicht mit Willenskraft Liebe schenken.

Anthony de Mello [7]

Welches ist Ihr Lieblingsobst? Erdbeeren oder Pfirsiche? Orangen oder Grapefruits? Die Wahl fällt uns leichter, wenn wir eine Sorte nicht mögen oder gegen Erdbeeren allergisch sind. Ganz bestimmt entscheiden wir uns für jenes Obst, das uns schmeckt. Das Einzige, was wir nicht machen können, ist, dass uns z. B. Grapefruits schmecken. Beweise über nahrhafte Vitamine, die in einer Grapefruit enthalten sind, werden unseren Geschmacksinn nicht überzeugen. Schmecken lernen wir nämlich nicht aufgrund einer Nährwerttabelle. Auch die Apps, die übers Handy gesunde Ernährung anpreisen, vermitteln nur, was den aktuellen Erkenntnissen entspricht.

Unser Geschmack ist etwas ganz Ursprüngliches. Wenn mehrere Menschen dasselbe Gericht genießen, schmeckt es doch jedem anders. Beim Kochen können wir uns bemühen liebevoll und gut zu kochen, aber es bleibt jedem selbst überlassen, wie es ihm schmeckt.

Ebenso wenig wie es uns möglich ist, den Geschmack eines Menschen zu beeinflussen, können wir seinen Glauben manipulieren. Woran ein Mensch glaubt oder worauf er vertraut, ist eng mit dem verbunden, was ihn berührt. Wir würden staunen, wie wenig Trennendes Konfessionen beinhalten, wenn wir statt über Dogmen über das Wertvolle, das uns berührt, sprechen würden.

Dazu Viktor E. Frankl:

Glaube, Liebe, Hoffnung lassen sich nicht manipulieren und fabrizieren. Niemand kann sie befehlen. Selbst dem Zugriff des eigenen Willens entziehen sie sich. Ich kann nicht glauben wollen, ich kann nicht lieben wollen, ich kann nicht hoffen wollen – und vor allem kann ich nicht wollen wollen. Darum ist es müßig, einen Menschen aufzufordern, „den Sinn zu wollen". An den Willen zum Sinn appellieren heißt vielmehr den Sinn selbst aufleuchten lassen – und es dem Willen überlassen, ihn zu wollen.[8]

Die Erkenntnis dieser Gedanken könnte sich in Behutsamkeit und Achtsamkeit vor uns selbst und anderen gegenüber ausdrücken. In dieser Botschaft sind viele Möglichkeiten für uns verborgen und es ist eine lohnende Reise ins eigene Innere. Vielleicht taucht die Frage in Ihnen auf: „Was tu ich, wenn ich das Wollen von mir nicht verlangen kann?"

Erinnern Sie sich, wann Sie das letzte Mal begeistert waren? War der Grund dafür ein lieber Mensch, ein guter Film, belebende Musik oder die Natur? Es gibt noch vieles mehr, wofür wir uns begeistern können. Begeisterung ist ein Ja, das von innen kommt. Es ist der „Geist", der in der Begeisterung steckt, der uns beflügelt und herausfordert. Erika Pluhar beschrieb diesen Zauber der Begeisterung anlässlich eines Konzertes: „Der Mensch begeistert sich für etwas. Nicht sein ICH zählt dabei, sondern das Andere, dem die Begeisterung gilt. Und stets ist dieses Andere Teil des Lebens. Wer nie begeistert lebt, lebt nicht."

Musik, egal welche Art oder Stilrichtung, ist uns allen vertraut. Was Musik in uns auszulösen vermag, besingt Reinhard Mey in „Welch Geschenk ist ein Lied": Er beschreibt poetisch, was geschieht, wenn ein Ton erklingt. Er erzählt, dass der Raum zu atmen und zu leben beginnt, so als wäre es ein Zauber, dem man sich nicht entziehen kann, wie eine Melodie den Menschen aus seinen gedanklichen Verstrickungen befreien und die Seele in die Weite führen kann.

Für diesen Zauber, der uns berührt, gibt es keine rationale Erklärung. Berührt uns Musik, überzieht sie uns mit leisem Erschauern und es kann sein, dass wir fast zu schweben beginnen. Nicht jede Musik gefällt uns, und es gibt auch Situationen, in denen uns Musik auf die Nerven geht. Ahnen Sie, dass es unmöglich ist zu verlangen, dass Sie wollen sollen, dass Ihnen eine bestimmte Musik gefällt?

Ein Mensch, der von den magischen Sprachen – Sprachen, die ohne Worte auskommen – berührt ist, möchte dieses freudige Erleben mit anderen teilen. Wir wünschen unserem Gegenüber, dass es auch begeistert sein möge. Geschieht dies nicht, begegnen wir dem „Nicht-Wollen-Wollen"-Können. Bei allem Respekt für unser Gegenüber und dessen Freiheit, kann das Nicht-Teilen-Können Enttäuschung auslösen. Meistens nehmen wir diese leise Traurigkeit erst dann wahr, wenn wir mehrere Male mit unserer Begeisterung allein bleiben mussten.

In einem meiner Seminare, als wieder einmal der Druck des Wollen-Müssens von den Teilnehmern abfallen konnte, erzählte Erna spontan ein Erlebnis aus ihrer Schulzeit.

Wie oft habe ich diesen Satz „Du brauchst nur zu wollen" gehört und ich habe die Welt nicht verstanden. Wozu soll ich etwas wollen, was ich überhaupt nicht mag? Ich konnte so gut mit Farben umgehen. Ich mag es, wenn mich die Farben überraschen, wenn sie sich verbinden und eine neue Farbe bilden. Mir fiel das Schreiben immer schwer; deshalb habe ich viel lieber eine Zeichnung gemacht, als einen Brief geschrieben. Mein Vater sagte mir, dass meine Tante sich nur über einen Brief freut und mit einer Zeichnung nichts anfangen kann. Als sie das nächste Mal auf Besuch kam, habe ich sie gefragt: „Warum kannst du mit meiner Zeichnung nichts anfangen?" Sie hat gelacht und mir gesagt, dass sie sich immer freut, wenn ich ihr eine Zeichnung schenke. Daraufhin ist mein Vater ganz wütend geworden und hat seiner Schwester vorgeworfen, dass sie ihn bei der Erziehung seiner Tochter behindere.

Ernas Vater hatte eine bestimmte Vorstellung, wie Erna zu sein hat und was aus ihr werden soll. Er hatte ein Bild von seiner Tochter und übersah dabei Ernas kreative Fähigkeiten. Vielleicht hätte er anders gehandelt, hätte er erkannt, dass Wollen-Wollen nicht zu verordnen ist.

Die Vorstellungen, die wir uns von Mitmenschen machen, hindern uns manchmal daran, einander wirklich begegnen zu können. Die Vielfalt der menschlichen Fähigkeiten und Möglichkeiten ist wesentlich größer und reichhaltiger als unsere Vorstellungen. Wer festgelegt wird auf ein bestimmtes Bild, lebt fast wie ein Tier im Zoo. Das Tier ist angewiesen auf das Futter, das man ihm zukommen lässt. Lebendigkeit bedeutet jedoch, verschiedene Möglichkeiten zu haben. Viele Menschen ahnen nichts von ihren Möglichkeiten und leben als Kopie, da sie vergessen haben, dass sie als Original geboren wurden. Nur um dazuzugehören tun sie das, was andere wollen und verlieren sich selbst.

Sich selbst treu zu sein erfordert viel Vertrauen ins Leben, Vertrauen in die eigenen Fähigkeiten und Mut zum Risiko. Eines ist sicher: Wir wissen nie im Voraus, ob eine Sache gelingt oder nicht.

Um das Bild, das wir uns von einem Menschen gemacht haben, ablegen zu können, werden wir die Scheuklappen abnehmen müssen, die uns am Weitblick hindern. Damit wir das Wollen-Wollen weder von uns selbst noch von anderen verlangen, brauchen wir den Mut, neue Wege zu gehen. Viele Wege entstehen, indem wir sie gehen, und wir werden dabei einige Überraschungen erleben. Vielleicht erfahren wir auch Vertrauen und Geborgenheit und erweitern dadurch unsere Offenheit und unsere Liebesfähigkeit.

Wenn wir lieben, wenn wir wirklich liebesfähig sind, verlangen wir von unserem Gegenüber nicht, dass er dem Bild entspricht, das wir uns von ihm gemacht haben. Das Bild, das wir uns von unseren Eltern oder Kindern gemacht haben, kann die Beziehungsfähigkeit ein Leben lang stören.

Anna ist 82 Jahre alt und wohnt im Altersheim. Sie hat zwei Söhne und drei Enkelkinder. Reinhard, ihr ältester Sohn, kommt nur selten zu Besuch. Er ist Fernfahrer und kaum zu Hause. Anna war nie mit seinem Beruf einverstanden. Anna klagt sich bei Marlies, der Klinikseelsorgerin, selbst an, dass sie die Berufswahl ihres Sohnes nicht verhindert hat. Im Gespräch fragt Marlies: „Wie kam Ihr Sohn auf die Idee, LKW-Fahrer zu werden?" Daraufhin beginnt Anna zu erzählen. Sie schildert die Leidenschaft ihres Sohnes für Autos, besonders für Schwerfahrzeuge, und für sein Talent, die Riesenbrummer zu lenken. „Ich habe alles daran gesetzt, dass er die Handelsakademie macht. Dann hat er doch ein viel feineres Leben. Nach der Matura hat er in einer Bank gearbeitet und sich selbst alle Führerscheine bezahlt. Er bekam sofort eine Stelle und seither fährt er durch ganz Europa."

Marlies fragt, ob Reinhard mit seiner Berufswahl zufrieden sei. Anna antwortet nicht. Marlies wartet. Plötzlich sagt Anna: „Daran habe ich noch nie gedacht. Ich habe immer nur um meinen Sohn Angst. Dass er mit seinem Beruf zufrieden ist, kann ich mir nicht vorstellen."

„Haben Sie ihn einmal gefragt?"

„Was?"

„Ob er mit seinem Beruf zufrieden ist?"

„Nein. Glauben Sie wirklich, dass das schön ist, dauernd unterwegs zu sein?"

„Ich weiß es nicht. Ich möchte es nicht, aber vielleicht mag Ihr Sohn es gern."

„Das wäre doch nicht normal. Jeder ist doch froh, daheim sein zu können und nicht dauernd unterwegs sein zu müssen."

Am Wochenende nach dem Gespräch besucht Reinhard seine Mutter. Als er aus dem Zimmer kommt, begegnet er Marlies und ist völlig erstaunt: „Wie haben Sie das geschafft?"

„Was meinen Sie?"

„Sie haben doch meiner Mutter gesagt, dass mir mein Beruf als Fernfahrer gefällt."

„So habe ich das nicht gesagt. Ich habe sie nur angeregt zu überlegen, ob es nicht sein kann, dass Sie Ihren Beruf mögen."

„Es ist unglaublich. Dreißig Jahre habe ich versucht, ihr die Freude an meinem Beruf zu vermitteln. Es hatte keinen Sinn. Sie hat mir nur vorgeworfen, dass ich egoistisch sei und mich vor der Verantwortung meiner Familie gegenüber drücke. Und jetzt, am Ende ihres Lebens, fragt sie mich, ob ich meinen Beruf mag."

Zwischen dem Wissen, was richtig ist, und dem Gespür, was wesentlich ist, liegen Welten. Die Welt des Wissens entsteht durch Messbarkeit, Beweisbarkeit, Berechenbarkeit und Vergleichbarkeit. Wissen können wir austauschen, über Wissen können wir uns unterhalten. Daher haben viele Menschen die Vorstellung, je mehr jemand weiß, desto mehr hat er zu sagen. Auf diesem Irrtum basiert das Missverständnis, dass Kommunikation wesentlich mit dem „Gewusst wie", mit einer bestimmten Methode, zu tun hat. Methoden sind hilfreich, aber sie können eine liebevolle Haltung nicht ersetzen. Vor allem ist eine Methode kein Ersatz für mangelndes Einfühlungsvermögen. Wir können das, was auf menschlicher Ebene zu regeln wäre, nicht an Methoden oder technisches Wissen delegieren. Die menschliche Ebene betrifft das Mitgefühl und die Betroffenheit. Betroffenheit drückt sich oft zu schnell in Vertröstung und Ratschlägen aus. „Die Unterdrückung und Abwehr von Betroffenheit ist der einzige wirkliche Bedienungsfehler, den man bei der Benützung seines Gehirns machen kann."[9]

Es gibt Tage, da fragt uns das Leben dermaßen oft und viel, dass wir nicht wissen, wo wir anfangen sollen. Ein heiterer Trost könnte ein Gedicht von Goethe sein:

Wenn's dir in Kopf und Herzen schwirrt,
was willst du Bess'res haben?
Wer nicht mehr liebt und nicht mehr irrt,
der lasse sich begraben!
Johann Wolfgang von Goethe

Das Gefühlskonzert

Weder Freude noch Liebe sind naturwissenschaftlich nachweisbar, trotzdem spüren wir, wie sich Freude anfühlt und sich in Gesten ausdrückt. Ebenso spüren wir, wenn wir enttäuscht sind, uns ärgern oder zornig werden. Messbar ist Zorn nicht, aber in manchen Lebenslagen lassen wir andere seine Auswirkungen spüren.

Stellen Sie sich vor, in einem philharmonischen Konzert werden die Pauken so laut, dass alle anderen Instrumente wohl zu sehen, aber nicht mehr zu hören sind. Der innere Dialog mit den Gefühlen ist wie ein Konzert. So wie in einem Orchester Geigen, Flöten und Trompeten mitspielen, so spielen in unserem Empfinden leise und laute Gefühle mit. Ein philharmonisches Konzert wird nicht dadurch harmonisch, wenn alle Klarinette spielen. Die Klangfülle lebt von der Unterschiedlichkeit der Instrumente und der Art und Weise, wie sie zusammenspielen. Ein Dirigent achtet nicht nur auf Harmonie, sondern darauf, wie aus dem Zusammenspiel des Orchesters ein Klangerlebnis wird. Damit Gefühle wie Empörung, Ärger oder Wut nicht permanent den Ton angeben, braucht unser Empfinden auch einen Dirigenten oder eine Dirigentin. Dabei geht es nicht darum, z. B. dem Ärger das Recht zum Mitspielen zu verweigern, sondern dem Ärger eine Partitur zu geben, sodass er mitspielen kann. Wesentlich ist, dass wir die Partitur nicht mit einem Fahrplan verwechseln. Die Partitur unseres Ärgers müssen wir selbst schreiben. Gut gemeinte Ratschläge von außen bringen den Ärger selten zum Verschwinden. Wie könnte nun eine derartige „Ärger-Partitur" aussehen?

Gespräch mit dem Ärger

„Was möchtest du mir denn sagen, lieber Ärger?"

„Dass etwas nicht stimmt."

„Ich spüre, dass etwas nicht stimmt, aber was stimmt denn nicht?"

„Das weiß ich nicht, ich bin ja nur dein Ärger, und wenn du wüsstest, was dich ärgert, dann bräuchtest du mich nicht mehr und das will ich eigentlich nicht. Ich möchte schon, dass du mich brauchst!"

„Das heißt, ich muss mich fragen, was der Grund für meinen Ärger ist. Aber bei einem kannst du mir noch helfen. Wer hat dich denn gerufen und weißt du zufällig wann?"

„Gerufen hast du mich, als du von dir verlangt hast, du sollst schon wieder den Dienst mit einer Kollegin tauschen und ihr einen freien Sonntag ermöglichen. Am Anfang war ich leise und du hast mich gar nicht gehört. Jetzt hattest du mehr Ruhe und außerdem war ich ein wenig lauter."

„Du meinst also, dass ich mich ärgere, weil ich wieder einmal nicht auf mein Wollen gehört habe und zu schnell zugesagt habe?"

„Ja, genau das meine ich."

Enttäuschungen und Ärger konfrontieren uns mit unseren Grenzen. Diese Grenzen können wir aus zwei Blickwinkeln betrachten: als Einschränkung oder als Einladung zu mehr

Wachstum. Würden wir in einer Welt leben, in der wir nicht auf Grenzen stoßen, könnten wir kaum zu Persönlichkeiten heranreifen.

Das NEIN,
das ich endlich sagen will,
ist hundertmal gedacht,
still formuliert,
nie ausgesprochen.
Es brennt mir im Magen,
nimmt mir den Atem,
wird zwischen meinen Zähnen zermalmt
und verlässt als freundliches JA meinen Mund
Peter Turrini[10]

Wer dirigiert das Gefühlskonzert?

Solange Furcht vor Strafe, Hoffnung auf Lohn oder der Wunsch dem Überich zu gefallen, menschliches Verhalten bestimmen, ist das wirkliche Gewissen noch gar nicht zu Wort gekommen.

Viktor E. Frankl[11]

Dieser Gedanke von Viktor E. Frankl verlangt gründliches Nachdenken. In welcher Stimmung lese ich diese Gedanken? Verstehe ich, was Viktor E. Frankl damit meint? Ist mein Interesse so groß, dass ich mir Zeit nehme, darüber nachzudenken?

Das Leben verlangt Offenheit, Beweglichkeit im Denken und vor allem Vertrauen. Die Fähigkeit zu vertrauen ist entscheidend für die Entfaltung menschlichen Lebens. Wir brauchen Ernsthaftigkeit, die nicht verbissen an bestimmten Sichtweisen festhält. Marc Aurel hat dies als Ernsthaftigkeit mit Nachsicht bezeichnet. Wir brauchen Vertrauen und Standvermögen für den kalten Wind, der uns im beruflichen oder privaten Umfeld entgegenweht. Menschen, denen Ernsthaftigkeit nicht vertraut ist, werden immer wieder jene kritisieren und abwerten, die sich für eine gute Sache einsetzen oder die mutig zeigen, was sie lieben.

Was immer wir bisher in unserem Leben erfahren haben, wir haben jederzeit die Möglichkeit, neue Denkarten zu erlernen. Es ist zwar nicht ganz leicht abzulegen, was uns geprägt hat, aber es ist möglich. Wesentlich ist, dass wir aufhören einen Sündenbock zu suchen. Natürlich prägen uns die Zeit, in der wir leben, und die Ansprüche, welche die Gesellschaft an uns stellt. Auch das familiäre Umfeld, in dem wir groß geworden sind, beeinflusst unsere Interessen. Eine Kindheit mit verschiedenen Belastungen ist nicht unbedingt der Grund für ein unglückliches Leben und eine glückliche Kindheit ist noch lange keine Garantie dafür, dass das Leben gelingt. Manche Erlebnisse und Eindrücke haben uns verwundet und es sind Narben zurückgeblieben. Manche Verletzungen liegen in der Tiefe unserer Seele und machen sich erst nach vielen Jahren bemerkbar. Ob wir mutig gehandelt oder ängstlich gewartet haben, Konflikte haben wir alle erlebt. Im Laufe unseres Lebens sind wir zu bestimmten Erkenntnissen gelangt. Hirnforscher haben am Ende des 20. Jahrhunderts entdeckt, dass nicht allein Gene unser Leben bestimmen. Unsere Chancen mögen durch Veranlagungen und Anfälligkeiten begrenzt sein, was aber letztlich daraus wird, entscheiden wir und dafür sind wir auch verantwortlich. Die Nervenzellen sind zwar angelegt, doch wie sie sich verschalten, welche Vorlieben und welche Gewohnheiten wir entwickeln, hat mit dem Umfeld und der Umwelt zu tun, in der wir wachsen und werden.

„Nicht der Mensch hat am meisten gelebt, welcher die höchsten Jahre zählt, sondern derjenige, welcher sein Leben am meisten empfunden hat."

Löst der Gedanke von Friedrich Rückert in Ihnen Neugier aus? Fallen Ihnen Augenblicke der Freude ein oder erinnern Sie sich derzeit mehr an schwierige Zeiten? So wesentlich das Empfinden von Gefühlen für die Gestaltung unseres Lebens ist, so wichtig ist es auch, unserem Verstand ein Mitspracherecht zu geben. Der Verstand soll nur nicht zum Diktator werden, sondern zum achtsamen Dirigenten.

Solange die Angst vor Strafe dirigiert …

… regiert ganz versteckt die Überzeugung, wir sind nicht gut genug. Die Angst entwickelt sich als Dirigentin zur Spezialistin, die alles weiß, obwohl sie vom Wesentlichen keine Ahnung hat. Die Angst am Dirigentenpult gleicht manchen Versicherungsvertretern, denen Gruselpropaganda geschäftlich nützt. Die Angst nützt übertriebene Sorgen aus. Ob Prüfungsangst oder Angst vor einem Vorstellungsgespräch oder leise Bedenken, dass unsere Art, den Alltag zu bewältigen, anderen nicht gefällt, beeinflussen unser Handeln.

„Wir fühlen, dass etwas in uns plötzlich in Gang gesetzt wird und unseren ganzen Körper überflutet, ohne dass wir uns dagegen wehren können … wir fangen an, verzweifelt nach einer Lösung zu suchen, eine irgendwo zwischen unseren Milliarden von Nervenzellen angelegte Verschaltung für eine Verhaltensstrategie zu aktivieren, die uns geeignet scheint, die Bedrohung irgendwie abzuwenden."[12]

Hebt die Angst den Taktstock, dann hat unser Verstand kaum eine Chance. Die Angst vor Strafe verhindert, dass wir uns selbst vertrauen. In diesen Momenten, Stunden oder Tagen brauchen wir jemanden, der uns versteht und für uns da ist. Einen Menschen, der uns mit der Macht der Liebe beschenkt und dem die Macht zu Liebe mehr bedeutet als die Liebe zur Macht.

Solange die Hoffnung auf Lohn dirigiert ...

... regiert im Verborgenen die Illusion, für unsere Handlungen Lob und Anerkennung zu bekommen. Die Wenn-Dann-Strategie beherrscht Fühlen, Denken und Handeln. Die Kurzsichtigkeit des Wenn-Dann will uns glauben machen, dass wir nur das richtige Rezept brauchen, dann sind wir unseres Glückes Schmied. Im Unterschied zur echten Hoffnung ist das Hoffen auf Lohn eine Illusion. Wenn uns der Einsatz für eine gute Sache am Herzen liegt, steht die Belohnung für unser Tun nicht im Vordergrund, ansonsten werden wir Opfer unserer Erwartungshaltung. In der Erwartung von Belohnung werden wir zur Marionette, die nur das im Blick hat, was Lob einbringen könnte. In dieser Wunschhaltung vergessen wir den Wert der guten Sache.

Solange der Wunsch, anderen zu gefallen, dirigiert ...

... regiert die Sehnsucht, bei einem anderen Menschen Geborgenheit zu finden. Wirkliche Geborgenheit kann uns nie ein anderer Mensch schenken, sondern nur das Leben selbst. Etty Hillesum schreibt in ihrem Tagebuch: „Das Leben selbst muss immer die Urquelle sein, niemals ein anderer Mensch. Viele Menschen schöpfen ihre Kraft aus einem anderen Menschen, statt selbst wirklich zu leben; jener Mensch und nicht das Leben ist ihre Quelle. Das ist so verdreht und unnatürlich wie nur möglich."[13]

Geschrieben sind diese Gedanken leicht, sie zu leben ist nicht so einfach. Solange wir leben, sehnen wir uns nach Menschen, die ähnlich empfinden wie wir selbst und die sich mit uns freuen. Es gibt kaum eine größere Enttäuschung, als mit einer intensiven Freude im Herzen auf gleichgültige Menschen zu treffen.

Solange die Schuldgefühle dirigieren ...

... gibt es verschiedene Sichtweisen am Dirigentenpult und dies zur gleichen Zeit. Dabei wissen „Musiker" nicht, nach welchem Taktstock sie spielen sollen. Schuldgefühle sind selten eine gute Orientierungshilfe; sie behaupten nämlich zu wissen, dass wir etwas versäumt haben. Schuldgefühle sind wie ein klebriges Spinnennetz, in dem ein Insekt hängen bleibt. Manche Menschen haben Schuldgefühle, weil sie Angst haben und von sich verlangen, keine Angst zu haben. Andere sehen in der Nichterfüllung von Wünschen ihr Versagen und nehmen für eine Sache die Schuld auf sich, obwohl keine tatsächliche Schuld vorliegt und wieder andere erleben heftige Schuldgefühle, weil sie es nicht geschafft haben, so zu leben, dass andere damit einverstanden sind.

Schuldgefühle haben in den seltensten Fällen etwas mit wirklicher Schuld zu tun.

„Schuldgefühle sind eingebildete oder eingeredete Fehler, gemessen an den Werten des falschen Lebens."[14]

Wenn die Verantwortung zu dirigieren beginnt ...

... spielt auch die Freiheit mit. Einige Stimmen im „Orchester", wie z. B. Schuldgefühle, werden beleidigt in einer Ecke sitzen, weil sie den Taktstock abgeben mussten und nur mehr so selten wie die Triangel spielen dürfen. Die Verantwortung hält sich zwar an die Noten, doch sie freut sich sehr, wenn die Freiheit das Tempo bestimmt. Zwischen den Tönen weiß die Verantwortung, dass in der Freiheit nicht alle mitspielen können. Solange Schuldgefühle oder die Angst dirigieren, ist für Verantwortung wenig Platz. Wer von der Angst dirigiert wird, ist nicht frei. Dirigiert uns die Verantwortung, die aus der Freiheit erwächst, könnte dies bei manchen Menschen Ärger auslösen. Die nachstehende Geschichte macht dies deutlich:

Die Lektion

Der Vater einer Schülerin stürmte aufgebracht in den Vortragssaal, in dem der Meister gerade sprach. Ohne Rücksicht auf die Anwesenden schrie er seine Tochter an: „Du hast dein Universitätsstudium abgebrochen, um dich zu Füßen dieses Narren zu setzen! Was hat er dich gelehrt?"

Sie stand auf, nahm ihren Vater ruhig bei der Hand und ging mit ihm aus dem Saal. Dann sagte sie: „Bei ihm zu sein hat mich gelehrt, was an keiner Universität gelehrt wird: dich nicht zu fürchten und mich über dein schändliches Benehmen nicht aufzuregen."

Anthony de Mello[15]

Inspiration zur Lebenskunst

Zitate könnten uns zum Nachdenken anregen:
Man gewinnt Kraft, Mut und Vertrauen durch jede Erfahrung, die einen zwingt anzuhalten und der Gefahr ins Gesicht zu sehen ...
Man muss eben auch Dinge tun, von denen man glaubt, ihnen nicht gewachsen zu sein.

Eleanor Roosevelt

Was löst dieser Gedanke in mir aus?

Wer dirigiert die Lebensmelodie?

Leben ist wie Musik

Trotz traditioneller Anschauungen hielt der Meister nur wenig von Vorschriften und Überlieferungen.

Ein Schüler geriet eines Tages in Streit mit seiner Tochter, weil der Mann darauf bestand, das Mädchen solle den künftigen Ehemann nach den Geboten der Religion aussuchen.

Der Meister ergriff offen Partei für das Mädchen.

Als der Schüler seinem Erstaunen Ausdruck gab, dass ein heiliger Mann solches tue, sagte der Meister: „Du musst begreifen, Leben ist wie Musik, und die entsteht mehr aus Gefühl und Intuition als nach Regeln."

Anthony de Mello[16]

Die Melodie des Gefühls

Die Melodie des Gefühls spüren wir. Die Musik ist wie ein Füllhorn, das Fantasie und Rhythmus zu einer wunderbaren Komposition ausgießt. Der Vergleich mit der Musik könnte uns helfen, die Verschiedenartigkeit der Menschen zu erkennen. Betrachten wir die Menschen als Melodie: Jede Person klingt anders. Genauso wie es einzigartige und einmalige Lieder gibt, so gibt es einmalige und einzigartige Menschen mit ihrer ganz persönlichen Melodie. Manche Melodien erfreuen, regen an, ermutigen und beleben uns.

Es gibt Melodien, die uns gut tun, trotzdem vergessen wir sie wieder und fast sind wir ein wenig traurig, dass wir sie vergessen haben. Allerdings bemerken wir dies erst, wenn wir sie zufällig wieder einmal hören. Dann gibt es Melodien, die unser Herz wärmen und sie können uns in einem seelischen Tief an unsere Fröhlichkeit erinnern.

Schräge Melodien, die wir zweimal oder mehrmals hören müssen, um sie wirklich kennen zu lernen – weil die Tonfolge ungewohnt oder der Text des Liedes nicht sofort verständlich ist – lehren uns, offen und tolerant zu sein. Wenn die Melodie fremd ist und uns gar nicht berührt – dann darf das auch so sein. Wir müssen nicht alles mögen und es muss uns auch nicht alles gefallen.

Schwierig wird es mit jenen Melodien, denen wir schutzlos ausgeliefert sind. Sie lauern fast überall: beim Einkaufen, im Restaurant, im WC und neuerdings auch in Arztpraxen und im Krankenhaus.

Im Laufe der Geschichte gab es immer wieder Machthaber, die Menschen dirigierten und verlangten, dass alle die gleiche Melodie zu spielen haben. Für Menschen, die in der ersten Hälfte des 20. Jahrhunderts lebten, gab es Dirigenten, die von persönlichen Lebensmelodien nicht viel hielten, und so wurde versucht andere zu dirigieren. Eigentlich wurde weniger dirigiert, sondern eher diktiert: die Verpflichtung zum Liebsein und Bravsein, die Verpflichtung zum Frohsein und die Verpflichtung zum Durchhalten. Starre Normen und Gebote haben über eine lange Zeit das Zusammenleben der Menschen geregelt. Das Pendel des Zeitgeistes schlägt derzeit in das andere Extrem aus. Während 1956 Erich Fromm schrieb, dass selbst die Gefühle heute vorgeschrieben sind und wir fröhlich, tolerant, zuverlässig und ehrgeizig sein sollten und mit jedem reibungslos auszukommen haben, regiert siebzig Jahre später die Devise „Alles ist möglich" und die „Marke Ich".

Während in den Medien Distanzlosigkeit zur Selbstverständlichkeit geworden ist und Menschen in manchen Fernsehsendungen jeden Respekt vermissen lassen, vermehren sich Absperrungen und farbige Streifen am Boden in öffentlichen Gebäuden. Den Hinweis, Distanz zu halten, gibt es in Banken, bei der Bundesbahn und mittlerweile auch in Ambulanzen im Krankenhaus. Die farbigen Streifen signalisieren, dass wir dem Menschen, der gerade bedient wird, nicht zu nahe kommen sollen. Diese Maßnahme wurde wohl notwendig, da immer mehr Menschen das Gespür für Nähe und Distanz verloren haben. Manche spüren sich selbst zu wenig und nehmen nicht wahr, wo sie aufhören und der andere anfängt.

Ein besonders berührendes Beispiel eines Menschen mit ausgeprägtem Gefühl für Nähe und Distanz war Sir Peter Ustinov.

Es gibt eine Episode im Leben des Peter Ustinov, die viel über ihn preisgibt. Er dreht in Indien für die dreiteilige BBC-Dokumentarserie „Ustinov's People" ein Porträt über Indira Gandhi. Auf das verabredete Gespräch wartend, spricht er frei in die Kamera, sinngemäß: „Hier stehe ich also im Garten von Indira Gandhi. Es sind Vögel in den Bäumen. Wächter stehen in den Winkeln. Es ist ruhig." Plötzlich hört man Lärm, eine große Aufregung. Ustinov: „Oh, ich höre ein Geräusch. Es irren Leute durch die Gegend, die Wächter laufen. Aber ich glaube nicht, dass etwas Schlimmes passiert ist." Das Bild wird dunkel, flammt wieder auf. Ustinov steht auf derselben Stelle: „Ich muss gestehen: Als ich eben sagte, es sei nichts Ernstes geschehen, habe ich mir selbst nicht geglaubt. Auf Indira Gandhi ist soeben geschossen worden. Die Wächter stehen nicht mehr in den Winkeln. Aber die Vögel sind noch in den Bäumen."

Tatsächlich ist Indira Gandhi auf dem Weg zum Gespräch mit Peter Ustinov erschossen worden. Jeder Dokumentarfilmer wäre mit der Handkamera zum Ort des Geschehens gestürmt, Ustinov bleibt dem Ort fern und ist dem Geschehen doch viel näher. Die Vögel sind noch in den Bäumen – mit diesem Satz, mit dieser Mischung aus Literarizität und Pathos wurde er mir unvergesslich.[17]

Die Melodie des Verstandes

Ist der scharfsinnige Verstand zu einer Melodie fähig? Er kann eins, zwei, drei zählen und Zusammenhänge erkennen. Mithilfe des Verstandes können wir z. B. lesen lernen, Schwierigkeiten bewältigen, schwimmen lernen und den Fernseher ausschalten. Wir brauchen ihn dringend, damit wir Worte finden und uns zur Sprache bringen können. Der Verstand ist eine gute Sache, aber eben nicht nur eine gute Sache. Über eines sollte sich unser Verstand im Klaren sein, dass „Wissen ohne Gewissen zur größten Gefahr für den Menschen wird" (Richard von Weizsäcker). Außerdem hat unser Verstand ein Handicap, mit dem er manchmal nicht fertig wird: Er ist nach Sigmund Freud nicht „Herr im eigenen Haus". Wie gering die Chancen des Verstandes sind, erleben wir, wenn wir in der augenblicklichen Situation nicht fähig sind, etwas zu tun, was wir vor einer Woche vereinbart haben.

Wissen ohne Gewissen überwuchert unsere Denkfunktionen und kann dazu führen, dass dies auf Kosten unserer Menschlichkeit geht. Viktor E. Frankl sprach davon, dass auch der Intellekt vergötzt werden kann. Wer davon überzeugt ist, er könne mit großem Wissen sämtliche Probleme lösen, irrt sich gewaltig. Natürlich ist es bereichernd, sich Kenntnisse zu verschaffen und Wissenswertes zu lesen. Schaffen wir es aber nicht, das angelernte Wissen mit unseren persönlichen Erfahrungen zu verknüpfen, gewinnen wir keine Einsicht in größere Zusammenhänge. Theorie wird erst durch unsere Erfahrungen zur Erkenntnis; Theorie ohne Tat hat keine Kraft. Zu unserer Fähigkeit, Informationen aufzunehmen und bewusst denken zu können, gehört auch, Handlungen zu planen und abzuschätzen, was sie bewirken können.

Was geschehen kann, wenn Menschen sich an Pläne hielten, die aus einem Wissen ohne Gewissen entstehen, schildert Prof. Haim G. Ginott 1972 in seinem Buch „Teacher and Child":

Ich bin Überlebender eines Konzentrationslagers.
Meine Augen haben gesehen, was niemand je sehen sollte.

Gaskammern, gebaut von gelernten Ingenieuren.
Kinder, vergiftet von ausgebildeten Ärzten.
Säuglinge, getötet von geschulten Krankenschwestern.
Frauen und Babys, erschossen und verbrannt
von Hochschulabsolventen.

Deshalb bin ich misstrauisch gegenüber Erziehung.

Meine Forderung ist, dass Lehrer ihren Schülern helfen,
menschlich zu werden.

Ihre Anstrengungen dürfen niemals führen
zu gelernten Ungeheuern, ausgebildeten Psychopathen,
studierten Eichmanns.

Lesen, Schreiben, Rechnen sind nur wichtig,
wenn sie dazu dienen, unsere Kinder
menschlicher werden zu lassen. [18]

Zwischen äußeren Vorgaben, denen wir pflichtbewusst folgen sollen, und dem Wahrnehmen und Verwirklichen persönlicher Verantwortung zu wählen, ist ein wahrer Drahtseilakt.

Doris Wagner schildert in ihrem Buch „Nicht mehr Ich" ihre Erfahrungen in einer Klostergemeinschaft. Ihre Begeisterung und ihr Glaube ließen sie Forderungen ertragen und Aufgaben erfüllen, die mich betroffen machen. Sie schildert sehr nüchtern und ohne jemanden anzuklagen, was dazu geführt hat, einem System zu dienen. Es war „unbedingter Gehorsam, radikale Relativierung des Einzelnen und seiner Bedürfnisse, Idealisierung der Oberen, Verteufelung von allem, was nicht aus der Gemeinschaft kommt, extreme Askese und unermüdliches Arbeiten."[19]

Die Melodie des Verstandes ist bei manchen Menschen eng mit dem Erfüllen von Normen verknüpft. Die Selbstachtung schwindet, wenn Gehorsam wichtiger wird als die innere Stimme. Selbstinfiltration nennt dies Julius Kuhl.

Wichtig ist, dass wir Empfinden und Verstand nicht als zwei getrennte Bereiche im Menschen sehen. Die Sätze: „Sei nicht so empfindlich!" oder „Sei nicht so emotional!" sind oft ein Akt der Verzweiflung, weil wir meinen, mit dem Verstand alles regeln und Unangenehmes beseitigen zu können.

Ob der Mensch aus seinem Empfinden heraus zu Gräueltaten fähig ist, oder ob dies sein Verstand erst möglich macht – ich weiß es nicht. Ich erlebe immer wieder: Je mehr bei einem Menschen die Fähigkeit empfinden zu können schwindet, umso schneller verschwindet das Staunen-Können. Mit dem Verlust des Staunens verlieren Menschen einen Teil ihrer Wahrnehmungsfähigkeit und ihrer Begeisterung. Aufmerksamkeit ist ihnen nicht mehr so wichtig und ihr Einfühlungsvermögen und der Respekt für andere Menschen sind auf ein Minimum geschrumpft. Vor allem die Liebesfähigkeit und die Frustrationstoleranz bleiben auf der Strecke. All diese Fähigkeiten werden heute unter dem Begriff „soziale Kompetenz" zusammengefasst und werden oft bei Stellenangeboten gefordert. Vielleicht ist der Begriff „soziale Kompetenz" der moderne Begriff für das Gewissen.

Die Melodie des Gewissens

Die Melodie, die unser Gewissen spielt, hören wir nicht immer gerne, denn es könnte für unseren Verstand Arbeit bedeuten und für unser oberflächliches Gefühl unangenehm werden. Der Begriff „Gewissen" kann bei manchen Menschen zu Missverständnissen führen.

Was meint beispielsweise Erich Kästner damit, dass unser Gewissen immer richtig geht, nur wir gehen manchmal falsch?

Was verbirgt sich hinter der Formulierung von Viktor E. Frankl, dass das Gewissen noch gar nicht zu Wort gekommen ist, solange ich noch Angst vor Strafe habe, auf Lohn hoffe und der Wunsch, anderen zu gefallen, mein Verhalten bestimmt?

Wir alle haben ein Gewissen, und von Zeit zu Zeit macht es uns auf persönliche Versäumnisse aufmerksam. Einem Freund, der uns so beharrlich wie unser Gewissen auf Unstimmigkeiten aufmerksam machen würde, hätten wir wahrscheinlich schon längst die Freundschaft aufgekündigt. Manchmal warnt es uns laut, manchmal spricht es so leise, dass wir im Alltag seine Stimme gar nicht mehr hören. Das Gewissen ist keine Instanz, die sich nach festgeschriebenen Geboten und Verboten richtet. Gewissensbildung bedeutet Feinabstimmung mit unserem Gespür.

Das Gewissen können wir manchmal direkt körperlich spüren. Der Körper meldet sich nicht nur mit Kopfschmerzen, einem verspannten Nacken oder einem unguten Magengefühl. Er spricht zu uns auch ohne körperliche Beschwerden und sein Sprechen drückt sich im Gespür aus und ist so ähnlich, wie es in einem alten Lied heißt: „Mir ist so komisch zumute, ich ahne und vermute: Heut' liegt was in der Luft ..." Hirnforscher bezeichnen diese Körpersignale als somatische Marker und für jeden könnten Hinweise unseres Körpers zu einem verlässlichen Lebenswissen werden.

Jill Taylor, eine amerikanische Neurobiologin, erlitt mit 37 Jahren einen Schlaganfall in der linken Großhirnrinde und in ihrem Buch „Mit einem Schlag" schildert sie, dass eine der wichtigsten Lektionen, die sie gelernt hat, war, dass sie körperliche Komponenten von Empfindungen fühlen und spüren konnte. „Freude war ein Gefühl in meinem Körper. Frieden war ein Gefühl in meinem Körper." Jeder Mensch macht im Laufe seines Lebens eigene Erfahrungen und aus diesen kann die Erkenntnis wachsen, wofür es sich zu leben lohnt und wofür nicht, was sinnvoll ist und was nicht.

Viktor E. Frankl gab dem Gewissen eine besondere Bedeutung: „Das Gewissen gehört zu den spezifisch menschlichen Phänomenen." Es ließe sich definieren als die intuitive Fähigkeit, den einmaligen und einzigartigen Sinn, der in jeder Situation verborgen ist, aufzuspüren. Mit einem Wort, das Gewissen ist ein Sinn-Organ. „Was mag das bedeuten, mit der intuitiven Fähigkeit den einmaligen und einzigartigen Sinn aufzuspüren?"

Solange wir leben, werden wir von der Spannung zwischen Notwendigem und Möglichem herausgefordert. Wir erleben diese Spannung im Mögen und im Müssen. Wir werden immer wieder mit Situationen konfrontiert, die uns neu sind. Am Beginn einer Liebesbeziehung können wir uns z. B. nicht vorstellen, bereits nach kurzer Zeit mit Konflikten konfrontiert zu werden, die wir vorher nicht kannten. Spannungen ganz anderer Art tauchen auf, wenn jemand nach einer Trennung alleine leben muss. Wenn wir uns über die Geburt eines Kindes freuen, ahnen wir nicht, womit wir in den nächsten Jahrzehnten überrascht werden können. Sinn erleben wir nicht nur, wenn alles gut läuft. Manches, was als Niederlage bezeichnet wird, kann zu einer sinnvollen Veränderung beitragen und dabei könnten Menschen als Vorbilder dienen.

Die meisten von uns können sich nicht vorstellen, was es bedeutet, aus einem Konzentrationslager befreit zu werden. Lassen wir Viktor E. Frankl selbst zu Wort kommen in dem

Ausschnitt eines Briefes, den er nach der Befreiung aus dem Konzentrationslager geschrieben hat.

Selbstverständlich habe ich die Absicht, aus Wien wieder zurückzukehren und meine Verwandten – sofern ich sie finde – mitzubringen. Das ist für mich eine eindeutige Gewissensentscheidung, über die zu diskutieren ich nicht bereit bin, da sie für mich nur allzu klar ist. Einst habe ich mich geweigert, in die Vereinigten Staaten zu gehen, obwohl ich ein Visum hatte: Ich konnte meine alten Eltern während des Krieges nicht alleine in Europa zurücklassen! Also blieb ich bei ihnen – andernfalls wäre ich nicht in die Konzentrationslager gebracht worden. Ich bereue in keiner Weise, mich so entschieden zu haben. Es war für mich schlicht eine Frage der Verantwortung; niemand konnte mich davon entbinden. Nun ist es dasselbe: Ich habe das sichere und bestimmte Gefühl, daß ich gehen muß, um meine Mutter und meine Frau zu finden. Und ich denke, daß Sie mir glauben werden, daß mir das einzig von meinem Gewissen vorgegeben wird. (...)

Ich spreche zu Ihnen von Mensch zu Mensch und bitte um Verständnis, aber ich halte es für das geringere Übel, einen geschätzten Menschen zu verletzen als das eigene Gewissen.[20]

Wie sind meine Lebenssaiten gestimmt?

Ein Musiker braucht zum Stimmen seiner Geige, seiner Gitarre oder seiner Harfe Zeit, Ruhe und ein gutes Gehör. Vier Saiten einer Geige sind schneller gestimmt als sechs Saiten der Gitarre. Die siebenundvierzig Saiten der Harfe erfordern noch mehr Mühe.

Noch mehr Feingefühl und Anstrengung erfordert das Stimmen der Lebenssaiten eines Menschen. Auf den ersten Blick haben wir eine Saite, nämlich die sichtbare Saite des Körpers. Nicht gleich sichtbar sind die beiden Saiten der seelischen und geistigen Dimension. Die Saite des Körpers lässt sich mit gesunder Ernährung und ausreichender Bewegung stimmen. Die Saite der Seele ist empfindsam, hin und wieder ist es die Saite eines Seelchens und schnell verstimmt. Diese beiden Saiten können reißen. Manchmal aus Überlastung und manchmal ohne Grund. Die Saite der geistigen Dimension reißt weder aufgrund von Überlastung noch ohne Ursache. Sie ist die Lebenssaite und lässt sich von uns nicht direkt stimmen, umstimmen oder verstimmen. Sie stimmt uns.

Trotzdem können wir über die Körpersaite und die Seelensaite einiges bewirken. Beispielsweise mit Hilfe folgender Fragen:

- Wie sind meine Lebenssaiten gestimmt?
- Welche Grundstimmung kenne ich überwiegend in mir?

- Dur oder Moll? Liebe und lebe ich mehr die fröhlichen Töne?
- Oder ist meine Stimmung mehr im Schwermütigen zu Hause?
- Wenn sich die Moll-Stimmung in mir ausbreitet, halte ich die Traurigkeit aus oder versuche ich schnell die Stimmung zu wechseln?
- Wie lange musste ich nach Noten spielen, die von anderen geschrieben wurden?
- Was wollten die anderen, dass ich spiele?
- „Was ihr wollt" oder „Wie es euch gefällt"?
- Hatte ich die Möglichkeit, meine ganz persönlichen Stücke zu schreiben?
- Was habe ich gespielt?
- Sind meine Lebenssaiten mehr von dem bestimmt und gestimmt, was die anderen sagen?
- Möchte ich meine eigene Partitur schreiben?
- Kann ich meine eigene Partitur spielen?
- Liegt meine Lebens-Partitur an einem besonderen Platz?
- Hole ich sie nur von Zeit zu Zeit heraus, um sie anzuschauen?
- Was habe ich erlebt, wenn ich meine eigene Partitur gespielt habe?
- Habe ich mich wohlgefühlt beim Spielen meiner eigenen Melodie?
- Konnte ich mich freuen, wenn anderen meine Melodie gefiel?
- Was ist mit mir geschehen, wenn den anderen meine Melodie nicht gefallen hat?
- Habe ich meine Partitur an ihren Platz zurückgelegt und wieder die Melodie gespielt: „Wie es euch gefällt"?

- Wie schnell lasse ich mich umstimmen?
- Wie geht es mir, wenn ich verstimmt bin?
- Spiele ich trotz eines verstimmten Instruments weiter?
- Nehme ich mir Zeit, mein Instrument zu stimmen?
- Womit stimme ich mein Instrument?
- Worauf stimme ich mich ein?
- Wie finde ich meine Stimmung und meine Töne wieder?
- Kenne ich Versuche, mich als Gitarre gegen Posaunen behaupten zu wollen?
- Gab es auch Zeiten, in denen niemand mit mir spielen wollte?
- Habe ich dann allein ein Konzert gegeben oder habe ich mein Instrument in die Ecke gestellt?
- Was würde ich gerne einmal spielen?

Diese Fragen können als Stimmgerät dienen und damit sie tatsächlich als solches wirken, sollten wir behutsam und wohlwollend mit uns und den Fragen umgehen. Sie sind als Anregung gedacht, um sich selbst und dem Leben auf die Spur zu kommen.

Eine weitere Möglichkeit, sich auf das Leben einzustimmen, sind Texte von Menschen, die uns berühren und uns zum Nachdenken und Handeln herausfordern.

Thomas Merton, ein Mönch und Dichter, schrieb über sechzig Bücher. In seinen Werken finden wir mehrere Protesterklärungen gegen die Politik der Regierung, gegen den Krieg, die Aufrüstung und gegen die Ungerechtigkeit in der amerikanischen Gesellschaft.

Wenn du mich kennen willst, frag nicht, wo ich lebe, oder was ich gerne esse, oder wie ich mein Haar kämme, sondern frag mich, wofür ich lebe, genau im Einzelnen, und frag mich, was nach meiner Meinung mich davon abhält, völlig für die Sache zu leben, für die ich leben will.[21]

Gioconda Belli, Schriftstellerin und Widerstandskämpferin in Nicaragua, schreibt in ihrer Autobiografie:

Ich war immer optimistisch, dass sich meine Kinder in der Welt zurechtfinden und lernen würden, sich auf ihre Weise an ihr zu freuen; ich bemühte mich, ehrlich zu sein, ihre Klugheit nicht zu unterschätzen und darauf zu vertrauen, dass sie die Weisheit besäßen, die Schwierigkeiten meines Lebens zu begreifen. Ich war fest davon überzeugt, dass sie die notwendigen Kräfte entwickeln würden, um glücklich zu werden, und ich dachte nicht, dass ihr Glück nur von mir abhinge. [22]

Viktor E. Frankl schrieb nach der Befreiung aus dem Konzentrationslager, wie er es erlebte, dass seine „Lebenssaiten" nicht klingen konnten:

Da kommt man zu einer Wiese. Da sieht man blühende Blumen auf ihr. Man nimmt dies alles zur Kenntnis, aber – nicht „zum Gefühl". Der erste kleine Funke von Freude sprüht auf, sobald man einen Hahn bemerkt, der prächtige vielfarbige Schwanzfedern hat. Aber es bleibt bei einem Freudefunken, und noch hat man nicht teil an der Welt. Dann setzt man sich unter einen Kastanienbaum, auf eine kleine Bank; weiß

Gott, welchen Ausdruck da das Gesicht annimmt –, jeden-
falls: noch macht die Welt keinen Eindruck …
Tage vergehen, viele Tage, bis sich nicht bloß die Zunge löst,
sondern irgendetwas im Innern gelöst wird, und bis dann
plötzlich das Gefühl eine Bresche schlägt in jene merkwür-
dige hemmende Barriere, von der es bis dahin noch einge-
dämmt war.[23]

Befähigen uns weder Fragen an uns selbst noch Texte von
anderen Menschen, unsere Lebenssaiten zu stimmen, dann
bleibt uns die „Wunderdroge" Musik. Wenn wir uns bewusst
machen würden, in welchem Ausmaß Musik unser Gehirn
stimulieren kann, würden wir viel bewusster und aktiver Musik hören. Wie kaum etwas anderes bringt Musik unsere Lebenssaiten zum Klingen.

Ich kann mir keinen anderen Ursprung der Musik erklären
als einen göttlichen. Aus der Berührung mit Musik geht
niemand unverändert in seinen Alltag zurück – oder er ist
nicht berührt.

Nikolaus Harnoncourt

Inspiration zur Lebenskunst

- Ich nehme mir Zeit zum Musikhören und tue fünf Mi-
  nuten nichts anderes.
- Höre ich ein Lied oder eine Klangfolge, die mir beson
  ders gut tut, lasse ich mich ganz darauf ein und nehme
  wahr, was die Musik in mir auslöst.

Vertrauen – Dinge geschehen ohne Grund

Die Frage, warum bestimmte Dinge so und nicht anders geschehen oder ein Unglück passiert, beschäftigt uns immer wieder einmal. Warum bleibt jemand im Stau stecken und versäumt das Flugzeug, das eine Stunde später abstürzt? Warum blieben die anderen Flugzeuginsassen nicht im Stau stecken? Warum ist trotz Kontrollsysteme ein abgestürztes Flugzeug nicht auffindbar? Warum wurde der Schriftsteller Ödön von Horvath auf den Champs-Élysées von einem Ast erschlagen? Warum ist der Ast nicht eine Minute später abgebrochen? Wir könnten die Liste der Warum-Fragen endlos verlängern, wir werden kaum befriedigende Antworten finden.

Gibt es wirklich für jedes Geschehen auf der Erde einen verständlichen Grund? Geschieht nicht einiges ohne beweisbaren und nachvollziehbaren Grund? Im offiziellen Protokoll der Academy of Life schildert der Quantenphysiker Anton Zeilinger: „Es gibt Dinge, die geschehen ohne Grund. Das ist für mich die wichtigste Erkenntnis des 20. Jahrhunderts. Das Interessante ist, dass man dieses Faktum im Experiment wirklich sehen kann, dass man es nicht bloß indirekt über theoretische Schlüsse konstruieren muss."[24] Bestimmte Situationen bleiben unergründlich und geheimnisvoll. Wer mutig sagt, dass er dies oder jenes nicht versteht, lebt leichter und unbeschwerter.

Von den Medien werden wir über diverse Pannen und Unglücksfälle informiert. Meistens folgt nach der ersten Meldung sofort die Nachricht, dass Spezialisten am Unglücksort nach den Ursachen fahnden. Bei technischen Gebrechen ist der Grund, der zur Panne geführt hat, nachvollziehbar. Wesentlich schwieriger wird es bei menschlichem Versagen.

Hat man einen Grund gefunden, folgen meistens neue Bestimmungen, die in Zukunft ein Unglück verhindern sollen. Nach dem Absturz des Lufthansa Flugzeuges in den französischen Alpen im März 2015, bei dem der Copilot allein im Cockpit war, führten zahlreiche Fluggesellschaften die Zwei-Personen-Regel ein. Verlässt ein Pilot oder Copilot das Cockpit, muss ein Besatzungsmitglied in die Kanzel. Im Ernstfall kann eine zweite Person ein ähnliches Unglück vielleicht verhindern.

Weder in menschlichen Gemeinschaften noch in technischen Bereichen lassen sich Kurzschlusshandlungen verhindern oder Fehler ausschließen. Für keine Lebenslage gibt es hundertprozentige Sicherheit. Deshalb brauchen wir Zuversicht und Vertrauen. Vertrauen ist etwas Faszinierendes, ist aber auch harte Arbeit. Es kommt aus der Tiefe menschlicher Existenz und entsteht nicht durch Abhaken von Plus-Minus-Listen. Vertrauen ist nicht greifbar und nicht mit Beweisen belegbar. Vertrauen bringt jedes Kind – mehr oder weniger – mit auf die Welt und jeder Mensch kann seine Vertrauensfähigkeit pflegen. Vertrauen ist eine Art von Unerschütterlichkeit, ohne sicher zu sein. Diese innere Haltung ist von Zuversicht getragen und von der Bereitschaft, Unabänderliches zu akzeptieren.

Die Warum-Frage taucht unglaublich schnell auf. Für jedes noch so kleine Missgeschick begibt man sich auf die Suche nach einem Schuldigen. Die Schuldfrage für die großen Katastrophen endet meistens in der Anklage: Warum lässt Gott dies zu? In einem Gespräch mit Viktor E. Frankl sagte Pinchas Lapide: „Gott, der alte Buchhalter, der tagtäglich die guten und bösen Taten eines Menschen verrechnet, ist in Auschwitz verbrannt worden." Dann fragte er: „Wo war der Mensch, als Menschen zu Millionen verbrannt wurden? Das wäre eine Frage, die noch immer auf Antwort wartet. Aber Gott als Lückenbüßer zu missbrauchen für die Unmenschlichkeit der Zweifüßler an ihren Artgenossen, ist nach meiner Meinung krasse Blasphemie.[25]

Schuld, Leid und Tod fallen in der Logotherapie unter den Begriff „tragische Trias". Wir können uns noch so bemühen, wir werden es nicht schaffen, unschuldig zu bleiben. Leid erlebt jeder Mensch auf seine ganz persönliche Weise. Die Erkenntnis, dass wir nach Schicksalsschlägen keine befriedigende Antwort auf unsere Warum-Frage finden, könnte uns aus dem Teufelskreis des Grübelns befreien. Das Einzige, das gegen das endlose Kreisen um das Warum hilft, ist die Akzeptanz: Es ist so, und wo ist jemand, der bei uns bleibt, ohne uns zu vertrösten?

Wir sind verletzbar und in Krisenzeiten kann man uns besonders leicht einreden, dass wir dies oder jenes falsch gemacht haben. Reden strengt erheblich weniger an als Handeln. Vielleicht führt jenes Reden, das Wissen in Worte fasst, in eine Art von Überlegenheit angesichts fremder Notlagen. Dabei bräuchten wir besonders dann, wenn wir eine schwierige Zeit bewältigen müssen, verständnisvolle Menschen.

Ohne mit Menschen verbunden zu sein, kann Vertrauen nicht entstehen. Dieses Verbundensein braucht auch greifbare Zeichen. Ich kann nur allen, die diese Zeilen lesen, einen Menschen wünschen, der dem Leben Freund ist. Für mich war dieser Mensch meine Großmutter. Sie schenkte mir kurz vor ihrem 104. Geburtstag das Buch „Der spielende Mensch" von Hugo Rahner, mit einem Brief: „Um mich brauchst du dir keine Sorgen zu machen; ich warte geduldig bis Nachricht kommt, spielerisch und kindlich (nach Rahner) und rechne immer mit einem guten Ausgang."

Mich hat die vertrauende Gelassenheit meiner Großmutter geprägt und ich meine, wir heutigen Menschen sollten diese innere Haltung lernen.

Manche Menschen im Fernen Osten sind in dieser Hinsicht Lebenskünstler. So ist in diesem Zusammenhang der Gedanke eines östlichen Mönchs an heiterer Gelassenheit kaum zu überbieten, den Hugo Rahner erwähnt: „Den Schlaf der Nacht verkürzen und die Stunden des Tages auskaufen und sich selbst nicht schonen, und dann begreifen: all das ist Scherz – ja, das ist Ernst."

Wer sich mit dem Humor als Lebenskunst anfreundet, kann sich trotzdem den Gedanken an den Tod nicht entziehen. Bei allen weisen Menschen, denen wir in Büchern begegnen, taucht der Gedanke an den Tod auf. In der Biografie „Das Leben wartet auf dich" über Viktor E. und Elly Frankl steht die Zeile eines Liedes: „So sehr ich auch kämpfe, lebend komme ich aus der Welt nicht raus." Ziemlich sicher ist dies die Träne, die am Grunde eines echten Lächelns ruht.

Ich kann's bis heute nicht verwinden,
deshalb erzähl ich's auch nicht gern:
Den Stein der Weisen wollt ich finden
und fand nicht mal des Pudels Kern.
Heinz Erhardt[26]

Jede Sorge, Freund, vermeide,
jedes Weh sollst du verachten.
Sieh die Lämmer auf der Weide:
Sie sind fröhlich vor dem Schlachten.
Ahnst du nicht, wie dumm es wär
wären sie's erst hinterher?
Heinz Erhardt[27]

Neben dem Humor stärkt auch der Mut unser Vertrauen und zwar dann, wenn wir so ähnlich wie Lukas Bärfuss unser Empfinden in Worte fassen:

Kinder brauchen keine Schule
Aber sie brauchen Lehrer
Die Kinder brauchen Sie
Ihre Leidenschaften
Ihre Begeisterung
Ihr Unverständnis
und auch Ihren Ärger und die Angst
Kinder brauchen Erwachsene
die ihnen zeigen
wie das gehen könnte
dieses Spiel
ein Mensch zu werden[28]

Dialog mit dem Leben

Vor lauter Lauschen und Staunen sei still,
du mein tieftiefes Leben,
dass du weißt, was der Wind dir will,
eh noch die Birken beben.
Rainer Maria Rilke

Wie still ist der Wind, bevor Birken beben? Der Dialog mit dem Leben ist leise. Es ist der Dialog mit jener inneren Stimme, die wir nicht mit Argumenten begründen können. Wir könnten dies auch mit Evidenzgefühl bezeichnen. Evident ist etwas, das ohne Beweise auskommt. Kennen Sie diese Augenblicke, in denen Sie von einer inneren Überzeugung getragen werden, die nicht mehr nach Anerkennung strebt? Eine Gewissheit zum Tun, bei der Ihnen die Meinung anderer völlig egal ist? „Evident ist etwas, das durch unmittelbare Anschauung überzeugt. Es bedarf keiner langen Argumentation, keiner besonderen Methode, keines Vorwissens und keiner Expertise, um etwas als evident zu erkennen."[29] So beschreibt Götz Werner, der Begründer von „dm", dieses Phänomen.

Im Gegensatz zu dieser leisen Stimme im Inneren begegnen wir im Außen häufig lauten Forderungen und dem Anspruch, möglichst klaglos zu funktionieren. Die Werte der Technik liegen vor allem in Funktionen. Mittlerweile hat ein Handy so viele Funktionen, dass man vergessen könnte, wozu es eigentlich dienen sollte. Vom Menschen wird immer mehr Funktionalität verlangt und dabei wird vielfach vergessen, dass wir empfindsame Wesen sind. Ein Computer funktioniert auf Knopfdruck. Der Mensch hat manchmal computerähnliche Fähigkeiten, doch er ist wesentlich mehr als ein Computer und „funktioniert" nicht immer. Ein Mensch braucht liebevolle Ermutigung und hoffnungsvolle Zuversicht. Das Lebendige entsteht in der Begegnung mit Menschen. Das Wort eines Menschen klingt manchmal tagelang in uns nach, manchmal sogar Jahre.

Die äußere Welt nehmen wir oft nur teilweise und die leise Stimme in unserem Inneren manchmal zu spät wahr. Im Funktionieren-Wollen und im Streben nach Anerkennung bleibt der Dialog mit dem Leben auf der Strecke.

Die Frage ist, wie finde ich den Dialog mit dem Leben in mir? Der beste Zeitpunkt, sich dies zu fragen, ist immer im Hier und Jetzt.

Inspiration zur Lebenskunst

- Wie nehme ich mich wahr?
- Wie spüre ich meinen Körper JETZT?
- Welche Gedanken beschäftigen mich JETZT?
- Mit welchen Gedanken fülle ich die Luft, die ich atme?
- Welche Gefühle spüre ich JETZT?
- Kenne ich das Erleben von Selbstgewissheit?

Es ist schwierig zu beschreiben, wie der Dialog mit dem Leben gelingen könnte. Leichter ist es, das innere Empfinden zu schildern, an dem spürbar wird, mitten im Leben zu sein. Das

Leben meldet sich im Gespür und es wärmt, stärkt und warnt uns. Das Leben meldet sich nicht nur in den so genannten guten Gefühlen, in der Freude und in der Fröhlichkeit.

> Nenne keine Empfindung klein, keine Empfindung unwürdig! Gut, sehr gut ist jede, auch der Hass, auch der Neid, auch die Eifersucht, auch die Grausamkeit. Von nichts anderem leben wir als von unseren armen, schönen, herrlichen Gefühlen, und jedes, dem wir unrecht tun, ist ein Stern, den wir auslöschen.[30]

Hermann Hesse beschreibt, dass unsere Gefühle schön und herrlich sind. Je tiefer wir fühlen, umso weniger können wir das Gespür beeinflussen oder herstellen. Je tiefer wir fühlen, umso dauerhafter und nachhaltiger bleibt uns das Gespür treu. Das schöne Wetter alleine stimmt uns nicht fröhlich, wenn in uns die Traurigkeit das Sagen hat. Es gibt eine tiefe Traurigkeit als Ausdruck einer intensiven Lebendigkeit. Je tiefer das Gefühl ist, umso mehr ergreift es den ganzen Menschen und umso mehr sehnt man sich nach anderen Menschen. Ein Mensch, der sich im Leben geborgen weiß, versucht die Bedingungen im Außen nicht ständig zu verändern. Ein Mensch, der diese Erfahrung kennt, kann lebendig bleiben trotz Enttäuschungen und Verletzungen, ohne am Leben zu verzweifeln. In den meisten Fällen verzweifeln Menschen an den Vorstellungen, die sie sich vom Leben gemacht haben. Das Leben selbst mutet uns nichts zu, was wir nicht bewältigen könnten.

In der Dimension des Lebendigen geht es nicht mehr um das „Gewusst-Wie", sondern um die Sprache des Herzens. Wo das Herz glüht, braucht der Verstand nicht zu glänzen.

Es mag sein, dass wir in Situationen geraten, wo wir mit glühendem Herzen zum Gespött der Leute werden, weil wir unseren eigenen Weg gegangen sind. Unsere Weltgeschichte ist voll von Menschen, die bekämpft wurden, weil sie ihren eigenen Weg gegangen sind. Martin Luther King versuchte in den Sechzigerjahren des letzten Jahrhunderts seinen Traum zu leben und wurde deshalb umgebracht. Die Verwirklichung seines Traumes hat er nicht mehr erlebt und auch nicht, dass ein Farbiger Präsident der Vereinigten Staaten werden konnte.

Václav Havel blieb im Gefängnis in der damaligen Tschechoslowakei, obwohl er ein Visum hatte und ausreisen hätte können. Er hat auf seine Freiheit verzichtet, um sich für die Freiheit seines Landes und seiner Mitmenschen einzusetzen.

Auf dem Weg zum inneren Halt brauchen wir Orientierung. Aber nicht, um fanatisch für eine Ideologie zu kämpfen, sondern um in unserem alltäglichen Leben das „Trotzdem" zu leben. Standhalten gegen eine Welt, die es mit dem Leben und der Erde nicht gut meint. Es ist bedauerlich, dass Sensationen immer noch mehr Aufmerksamkeit geschenkt werden, als dem persönlichen Engagement vieler Menschen.

Konkurrenzdenken ist am wenigsten geeignet, inneren Halt zu verspüren. Nur wenige Menschen sind sich über den enormen Preis im Klaren, den sie für das Streben nach immer mehr Erfolg zahlen müssen. Jedem Menschen, der seinen übertriebenen Ehrgeiz befriedigen kann, sozial, beruflich oder sportlich, stehen buchstäblich Tausende gegenüber, die keine Chance haben, sich wichtig und bedeutungsvoll zu fühlen. Viele geben auf oder bleiben auf der Strecke. Die meisten Fehlschläge sind das Ergebnis permanenter Entmutigung, die erlebt wird, wenn die eigenen Fähigkeiten nicht dem gängigen Idealbild entsprechen. Die Forderungen von außen und der Anspruch, den wir verinnerlicht haben, können den Dialog mit dem Leben verhindern.

Verschiedenheit darf kein Grund für Rivalität und Konkurrenzdenken sein. Der Sinn von Gemeinschaft liegt darin, dass jeder Mensch einmalig und einzigartig ist und seine Fähigkeiten auch für diese Gemeinschaft einsetzt. Die Lebendigkeit von Gemeinschaft und Beziehung liegt nicht im Verzicht auf das, was dem Einzelnen am Herzen liegt.

Der Irrtum, dass wir leichter leben, wenn wir uns nicht binden, prägt derzeit das soziale Gefüge in den Industrieländern. Die Sehnsucht, tun und lassen zu können, was wir wollen, führt zur steigenden Zahl von Menschen, die alleine leben. Doch wir brauchen Menschen, mit denen wir uns verstehen, mit denen wir reden und Erfahrungen austauschen können. Solange wir einander trotz unserer Unzulänglichkeiten begegnen, sind wir beziehungsfähig. Solange wir berührbar sind, bleiben wir im Dialog mit dem Lebendigen.

Auf der Basis unseres Wissens verfügen wir über Begründungen und Argumente, um Betroffenheit und andere unangenehme Gefühle zu verscheuchen. Wir rechtfertigen unser Verhalten mit Stress und betonen, dass wir endlich auf uns schauen müssen. Wenn wir entdecken, dass Wohlwollen uns selbst gegenüber nicht in die ständige Ichbezogenheit führen muss, kann es gelingen, uns von der Individualismusfalle zu befreien. Bindung und Beziehung beleben wir durch Aufmerksamkeit, die sich oft in kleinen Dingen äußert.

Inspiration zur Lebenskunst

- Welche Liebenswürdigkeit tut mir gut?
- Was sind für mich kleine Dinge, die mir am Herzen liegen?
- Wie kann ich sie mit anderen teilen?
- Wann möchte ich mich darum kümmern?
- Wem kann ich heute etwas Liebes sagen?

Die Gewohnheit, sich um kleine Dinge zu kümmern und sich für kleine Liebenswürdigkeiten zu bedanken, ist eines der wichtigsten Merkmale eines guten Menschen.

Nelson Mandela

Mit Fragmenten leben

Oliver Sacks schreibt in seinem Buch „Dankbarkeit", dass er aufgrund des vernichtenden Urteils seiner Mutter über seine Homosexualität über viele Jahre der Familie den Rücken kehrte und ein „einsames, aber zutiefst befriedigendes, fast mönchisches Leben" lebte.

Leben ist Beziehung und in allen Beziehungen tauchen Konflikte auf. Jede und jeder von uns wird im Laufe des Lebens mit Situationen konfrontiert, die wir als Belastung erleben, jedoch aus eigener Kraft nicht ändern können.

Gib mir die Gelassenheit,
Dinge zu ertragen, die ich nicht ändern kann,
gib mir den Mut,
Dinge zu ändern, die ich ändern kann,
gib mir die Weisheit,
beides voneinander zu unterscheiden.
Reinhold Niebuhr

Mich fordert dieses Gebet des amerikanischen Theologen Reinhold Niebuhr immer wieder zum genauen Hinschauen und zum Nachdenken auf. Mit Dingen, die wir hinnehmen müssen, meine ich nicht nur Schicksalsschläge, sondern jene Schwierigkeiten, die aus alltäglichen Begegnungen im familiären oder beruflichen Umfeld entstehen. Bemerkungen können so verletzend sein, dass man sich, wie Oliver Sacks, zurückzieht. Andere erzählen bei fast jeder Begegnung über

Enttäuschungen und Verletzungen, die ihnen widerfahren sind.

Nicole hat vier Geschwister und besonders zu ihrem älteren Bruder Max hat sie einen guten Draht. Max hatte eine abwertende Bemerkung seines jüngeren Bruders so verletzt, dass er sich in einer lähmenden Mischung aus Wut und Verzweiflung befand. Nicole verstand Max und widmete ihrem Bruder immer wieder viel Zeit. Egal wann sie sich sahen, Max wärmte die alte Geschichte auf und irgendwann konnte Nicole diese nicht mehr hören und zog sich zurück. Bekanntlich belastet auch die Mimik von Menschen, die mit sich nicht im Reinen sind, so manche Beziehung. Nicole hatte vieles versucht, doch es gibt ein Maß der Unerträglichkeit, an dem die Bereitschaft, ein offenes Ohr und Zeit zu haben, verschwindet. Es gibt im Laufe des Lebens Situationen, in denen wir nur mehr die Wahl zwischen zwei Übeln haben. Für Nicole wurden die Klagen von Max unerträglich. Trotz des frei gewählten Rückzugs ist Nicole traurig über die Distanz zu ihrem Bruder, doch sie weiß auch, dass sie zu einer Veränderung nichts mehr beitragen kann. Die meisten Menschen kennen Lebensphasen, in denen vieles in ihrem Inneren in Aufruhr gerät. Beharrlichkeit und Ausdauer sind gute Eigenschaften, um ein Ziel anzustreben, doch wer sich beharrlich in erlittene Enttäuschungen und seelische Verletzungen verbeißt, kreist ständig um sich selbst. Die Aufmerksamkeit akribisch auf das zu richten, was man nicht bekommen hat, führt in die Unzufriedenheit und verhindert Dankbarkeit. In der Regel ist dies mit einem gehörigen Potential an Aggressivität nach außen verbunden, da die Furien des Negativismus das Fühlen und Denken des Menschen beherrschen.

Die Bereitschaft, Verständnis für die seelische Not anderer aufzubringen, gehört zu unserem Menschsein, doch trotz intensiven Bemühens gibt es Situationen, in denen Verständnis, Zuwendung und Rücksichtnahme nicht hilfreich sind. Dies ist vor allem dann zu bedenken, wenn Wohlwollen immer von denselben Menschen verlangt wird.

Ein asiatisches Sprichwort sagt: Jede Sache hat drei Seiten: Eine, die du siehst, eine, die ich sehe, und eine, die wir beide nicht sehen. Wer diese Weisheit ernst nimmt, bedenkt die Sichtweise des anderen, verzichtet auf Rechthaberei und das Erreichen einer bestimmten Lösung. Er lässt sich auf Ergebnisoffenheit ein und vertraut dem Leben. Ergebnisoffenheit kennt sowohl das Gelingen als auch das Misslingen. Unser Bemühen wird manchmal von äußeren Einflüssen vereitelt und daher ist es hilfreich, zu bedenken, dass einiges nicht in unserer Macht liegt. Wir bleiben ein Leben lang verletzbar und abhängig.

Bei noch so großem Bemühen können wir das Risiko nicht auf Null reduzieren. Wir fügen einander Wunden zu und wir werden von anderen verletzt. Wer diese Tatsache akzeptiert, kann gelassener mit Unzulänglichkeiten und Missgeschicken umgehen.

Wir bleiben ein Leben lang von anderen abhängig. Ab dem Augenblick unserer Geburt sind wir immer wieder auf Fürsorge und Gemeinschaft angewiesen. Bei unserer Berufswahl fragen wir Menschen, die bestimmte Erfahrungen gemacht haben, und beim Älterwerden können wir zurückschauen, wie Eltern oder Großeltern ihr Altwerden gestaltet haben. Schauen wir genau hin, werden wir entdecken, dass die Haltung, die Wohlbefinden von äußeren Bedingungen abhängig macht, in die Verzweiflung führt. Ermutigende Vorbilder finden wir in der Familie, bei Lehrpersonen und Freunden, die den Herausforderungen des Lebens standhalten. Diese Menschen sind für unser eigenes Leben von immenser Bedeutung.

Inspiration zur Lebenskunst

Vorbilder sind Hilfen zur Selbsterkenntnis. Sie bieten einen Maßstab. (Helmut Schmidt)

- Welche Menschen begeistern mich?
- An welchen Menschen kann ich mich orientieren?
- Welches sind meine Stärken im Blick auf mein Menschsein?
- Wodurch bereichere ich das Leben meiner Mitmenschen?

Neben unserer Verletzlichkeit und Abhängigkeit haben wir noch ein Phänomen zu bedenken. Für unser Leben gibt es keine Generalprobe, deshalb werden wir immer wieder mit Erstaufführungen konfrontiert. Während ein Schauspieler für ein bestimmtes Stück einen vorgeschriebenen Text zu lernen hat und mit Regieanweisungen in den Proben vieles bis zur Premiere üben kann, sind Menschen, die in einem Improvisationstheater spielen, auf ihre Kreativität und Spontaneität angewiesen. Ganz ähnlich ist es im echten Leben.

Im Anfang war die Tat

Auf jeden Einzelnen und auf jeden Tag kommt es an,
wenn die Nöte unserer Zeit überwunden werden sollen.
Und dazu brauchen wir nicht so sehr neue Programme,
sondern eine neue Menschlichkeit.
Viktor E. Frankl

Was ist eigentlich menschlich? Was ist für Sie menschlich? Was fällt Ihnen zum Begriff Menschlichkeit ein? Güte, Mitgefühl, Liebesfähigkeit, Respekt und Würde? Im Vertrag von Lissabon steht in der Präambel: „Die Würde des Menschen ist unantastbar". Welchen Standpunkt man zur Europäischen Union auch einnehmen mag, eines ist unbestritten, sie ist die größte Friedensgemeinschaft, die jemals geschlossen worden ist. 2007 haben 27 Mitgliedsstaaten diesen Grundlagenvertrag der EU unterschrieben. Ob wir den Begriff der Würde in einem Vertrag lesen oder in einer Rede hören, entscheidend sind nicht die Worte, sondern deren Umsetzung. Wir brauchen menschenfreundliche Lebensräume und dafür können wir uns gemeinsam engagieren. Humanität zeigt sich im Bemühen, das Gemeinsame vor das Trennende zu stellen und nicht nur an sich selbst zu denken. Wir werden einander immer weniger verstehen, wenn wir bei dem stehen bleiben, was uns trennt.

Menschenwürde und Respekt sind nicht mit einem Programm zu vermitteln. Respekt wurde und wird oft verordnet und eingefordert. Im 20. Jahrhundert gab es Zeiten, in denen

Respekt oft mit blindem Gehorsam verwechselt wurde und die Folgen waren grauenvoll. Helmut Schmidt, der ehemalige deutsche Bundeskanzler, hat Hitler und die deutsche Katastrophe als „Tragödie unseres Pflichtbewusstseins" bezeichnet. Die große Mehrheit hat zur Zeit des Nationalsozialismus den Gesetzen des Staates bis in den Untergang hinein Folge geleistet. Das Böse konnte auch deswegen gedeihen, weil die Anständigen geschwiegen haben. Mehrheiten entstehen nicht durch Überzeugung und langes Nachdenken, sondern durch Ideologien, die durch einfache Parolen und nichtssagende Phrasen genährt werden. Respekt verlangt nicht nur ein Minimum an Bildung, sondern auch die Fähigkeit, über Klischees nachzudenken: „Der Mensch ist von Natur aus schlecht, wer arbeiten will, findet auch Arbeit, die Jugend von heute interessiert sich doch für gar nichts usw." Etliche dieser Aussagen entstehen aus Gedankenlosigkeit, aber vielleicht könnte der Mut, Fragen zu stellen, einige Mitmenschen nachdenklich machen.

„Woher weißt du das?"

„Wie kommst du auf diese Idee?"

„Was könnte uns helfen andere Menschen zu respektieren, obwohl sie Ansichten vertreten, denen wir nicht zustimmen können?"

Mich selbst erschrecken weniger Ansichten, die nicht meinen eigenen entsprechen, als die verbale Überzeugungskraft mancher Menschen, die unmenschliche Auswirkungen nach sich zieht. Deshalb wäre es eine gute Möglichkeit, konkrete Fragen zu stellen, dieser neuen Menschlichkeit, von der Viktor E. Frankl spricht, eine Chance zu geben. Zu dieser neuen Menschlichkeit gehört Ernsthaftigkeit und Interesse an Gemeinschaft. Das Defizit an Ernsthaftigkeit fördert den Mangel an tiefen Empfindungen und verhindert, dass uns Menschen und Dinge so berühren, dass wir wenigstens den Mund aufmachen, wenn wir mit pauschalen Abwertungen konfrontiert werden.

Werte fordern von mir, dass ich sie wahrnehme und verwirkliche. Zum Verwirklichen gehört ein bestimmtes Maß an Einsatz und Überwindung, die dem Wert dient, der mich begeistert.

Das Verharren im endlosen Abwägen von Entscheidungen bringt uns der Tat nicht näher. Menschen, die sich selbst und dem Leben vertrauen, entscheiden leichter und befreiter, weil sie sich bewusst sind, dass die Folgen ihrer Entscheidung nicht nur von ihnen abhängen. Ein Restrisiko bleibt bei jeder Entscheidung und oft verlieren wir das Gute, weil wir noch etwas Besseres suchen.

Niemand verlangt von uns, Heldentaten zu vollbringen, und wir sollten dies auch nicht von anderen fordern. Die Bewältigung des Alltags fordert heute in vielen Bereichen genug und manchmal zu viel. Realistische Ziele zu erreichen ermutigt uns und schenkt uns Zufriedenheit und Dankbarkeit.

Bereit sein ist viel, warten können ist mehr,
doch erst den rechten Augenblick nützen ist alles.
Arthur Schnitzler

Inspiration zur Lebenskunst

Sollten Sie sich nach einer Veränderung in Ihrem Leben sehnen oder etwas Neues beginnen wollen, ist es sinnvoll auf das „Alles oder Nichts" zu verzichten und mit kleinen Schritten anzufangen.

Spür nach, was du wirklich willst.
Lass dir Zeit und gib dem heiligen Nichttun eine Chance.
Behalte das Wesentliche im Blick.
Wähle die Menschen sorgfältig aus.
Vertraue jenen, die ehrlich sind, auch wenn es unangenehm ist.
Fang irgendwo an und finde deinen eigenen Weg.

Mutig leben

Mut zeigt sich immer erst vor Übermacht.
Mut muss mit Kenntnis der Gefahr gepaart sein.
Mut will wie Edelstes diskret verwahrt sein,
Und wer ihn fasst, der fasse mit Bedacht.
Joachim Ringelnatz

Die Übermacht in unserer Gesellschaft hat verschiedene Namen. Auf den ersten Blick zählt für wirtschaftliche Bereiche finanzieller Erfolg, der möglichst jährlich überboten werden soll. Dadurch entsteht der Anspruch der Nützlichkeit, aber nützlich zu sein hat nicht immer mit Sinnvollem zu tun. Friedrich Schiller erkannte bereits vor 200 Jahren, dass der Nutzen das große Idol der Zeit ist, dem alle Kräfte dienen und huldigen sollen. Die ansteigende Zahl von Menschen, die von einem Burn-out betroffen sind, weist darauf hin, dass Menschen nicht nur zur Nützlichkeit auf der Welt sind. „Eine gestohlene Woche Schottland-Urlaub", dies schrieb Jean-Charles Piette, ein Arzt, der nur für seine Arbeit lebt, an Françoise Héritier. Diese Bemerkung machte sie so betroffen, dass sie zurückschrieb: „Sie versagen sich jeden Tag das, was die Würze des Lebens ausmacht. Und wozu? Um dem Gefühl niemals genug zu tun, zu entkommen." Aus ihrer Rückantwort wurde nicht nur ein Brief, sondern ein kleines Buch mit alltäglichen Aufzählungen, mit Wünschen und Erlebnissen mit dem Titel „Das ist das Leben!" Der Inhalt des kleinen Buches ist eine richtig gute Anregung, bewusster bestimmte Dinge wahrzunehmen.

„Durch einen Bach waten, neugierig und begierig auf das Morgen sein, unempfänglich sein für die Niedertracht gewisser Worte, bei einem Regenschauer draußen sein." Was fällt Ihnen spontan ein?

Mutig leben bedeutet auch zu zeigen, was man liebt, egal ob es anderen gefällt.

Neben der Nützlichkeit ist die Schnelligkeit zu einem Maßstab geworden, an dem bereits Schulkinder gemessen werden. Wer gerne in Ruhe über gestellte Aufgaben nachdenken möchte, hört immer wieder die Aufforderung, dass er sich beeilen möge. Bekanntlich entstehen durch Hektik Fehler, der Organismus vieler Menschen steht unter Strom und die Folge ist eine innere Zerrissenheit. Unser Gehirn kann aber im Stress nicht gut nachdenken. Würden wir uns öfter einmal Zeit nehmen zu ergründen, was wesentlich ist und wofür es sich zu leben lohnt, würden die meisten Menschen entdecken, dass äußere Güter und das Streben nach Erfolg eine Grenze haben. Daher brauchen wir Mut, für Lebenswerte einzustehen: Beziehungsfähigkeit, Gelassenheit, Warten-Können und Dankbarkeit. David Steindl-Rast spricht davon, dass echte Lebensfreude in der Haltung einer tiefen Dankbarkeit entsteht.

Täglich versorgen uns diverse Medien mit einer unüberschaubaren Fülle an Informationen, Ratschlägen und oft sind auch Warnungen dabei. Im Internet findet man z. B. 47.500.000 Anti-Aging-Tipps und einige Gesundheitsratgeber haben sofort Drohungen parat, um die Glaubwürdigkeit von Heilsversprechungen zu erhöhen. Nach wie vor belebt das Schüren von Ängsten das Geschäft und die häufigste Abschreckung ist die Drohung, dass unsere Lebenserwartung sinkt, wenn wir dieses oder jenes Mittel nicht zu uns nehmen. Warnungen weisen darauf hin, was wir vermeiden sollen, und ein Mensch, der ständig einer drohenden Wahrscheinlichkeit ausweichen will, gerät in den Teufelskreis der Erwartungsangst. Man beschäftigt sich mit dem, was man unbedingt vermeiden will, und so breitet sich Negativwissen aus. Mutig zu leben bedeutet, ich richte den Blick auf das, was mir möglich ist, und nicht darauf, was ich vermeiden sollte. Wer permanent vorbeugt, kann sich nie entspannen. Nicht nur unser vegetatives Nervensystem braucht Spannung UND Entspannung, Herausforderung UND Erholung, sondern auch unsere Seele. Lebe ich in der Haltung der Daseinsangst oder im Bewusstsein der Freude?

Bestimmt uns die Angst, wissen wir meistens, was wir nicht tun sollten oder dürften, und dabei schwindet unsere Fähigkeit, uns auf unser eigenes Empfinden verlassen zu können.

Niemand kann handeln und dabei sämtliche Fehler vermeiden; und überhaupt: Wer beurteilt, ob etwas als Fehler eingestuft wird oder nicht? Nachdem wir nicht alle Missgeschicke und unliebsamen Überraschungen vermeiden können, sollten wir eine andere Lebensweise ausprobieren. Wie wäre es mit der Empfehlung von Arthur Schnitzler, die er an Arthur Rimbaud, einen jungen französischen Dichter, schrieb: „Du fragst mich, was soll ich tun? Und ich sage, lebe wild und gefährlich."

In den letzten Jahren hat sich herausgestellt, dass wissenschaftlich nicht bewiesen werden kann, was tatsächlich gesund ist. Ernährungsempfehlungen haben in den letzten Jahren ebenso oft wie Modetrends gewechselt. Viele Gesundheitsideale haben sich als falsch erwiesen, z. B. die Behauptung, dass Obst und Gemüse vor Krebs schützen können. Deshalb empfiehlt der Arzt Werner Bartens, Menschen sollen essen, worauf sie wirklich Lust haben. Wir sollten uns von

Empfehlungen, was wir essen sollten und was nicht, keinesfalls in die Irre führen lassen. Die Ratgeberliteratur ist unüberschaubar geworden und was gestern noch im Trend war, ist morgen bereits falsch. Mutig leben könnte auch bedeuten, ich denke erst in Ruhe nach, ob das, was versprochen wird, auch realistisch zu erfüllen ist. Wissenschaftliche Meldungen in den Medien entbehren leider häufig einer guten Grundlage. Gunther Frank, ein Allgemeinmediziner und Autor aus Heidelberg, kämpft gegen den Abnehmwahn und ließ sich von zwei Journalisten zu einer Studie mit Versuchspersonen inspirieren. Das Team wollte beweisen, dass Studien, mit denen die Auswirkung der Ernährung auf die Gesundheit bewiesen werden soll, ziemlich leicht zu manipulieren und daher nur bedingt aussagekräftig sind. Die Ergebnisse der Studie „Schokolade macht schlank" wurden in einem englischen Wissenschaftsmagazin veröffentlicht und daraufhin landete die Schokoladendiät in den Schlagzeilen, sie war jedoch bewusst manipuliert. Nicht nur bei Ernährungsempfehlungen gilt die Devise, dem eigenen Körper zu vertrauen, sondern auch bei Glücksversprechen in diversen Magazinen.

Wer sich über einen längeren Zeitraum mit Messbarem beschäftigt hat, wird Zeit und Geduld brauchen, um den Signalen seines Körpers wieder zu vertrauen. Mittlerweile gibt es für fast alles Messgeräte.

In ihren Händen wird aus allem Ware.
In ihrer Seele brennt elektrisch Licht.
Sie messen auch das Unberechenbare.
Was sich nicht zählen läßt – das gibt es nicht.
Erich Kästner[31]

Welchen Sinn hat ein Schrittzähler? Gehe ich wandern, weil ich Schritte für meine Fitness zählen möchte, oder um die Bewegung und die Natur zu genießen? Beides ist möglich, nur nicht zur selben Zeit. Wenn ich mich für zählbare Beweise meiner Wegstrecke entscheide, verlange ich eine bestimmte Leistung. Wesentlich ist, dass unser Körper und unsere Seele auch Zeiten brauchen, in denen wir weder schnell noch nützlich sein müssen, sondern uns dem „heiligen Nichttun" widmen.

Mutig zu leben bedeutet auch, sich am schönen Wetter – ohne Sportprogramm – zu erfreuen, ohne ein schlechtes Gewissen zu haben. Was ist das eigene Maß? Wer hat es mitbestimmt? Woran definiert sich mein Maßstab? Habe ich mich fremden Maßeinheiten angepasst? Sich anderen anzupassen ist ja nicht verkehrt, wesentlich ist, dass ich mich in meinem Körper wohlfühle und zwar ohne einer bestimmten Norm zu entsprechen.

Für den seelischen Bereich gibt es einen Rat, den die meisten von uns schon einmal gehört haben: Du musst halt loslassen, dann geht es dir besser. Vermutlich liegt dieser Empfehlung der Wunsch zugrunde, das Gegenüber möge sich wohlfühlen. Das ist jedoch nicht in allen Lebenslagen möglich.

Sich von alten Gegenständen zu trennen, den Schreibtisch von unnötigem Ballast zu befreien oder den Keller zu entrümpeln, mag manch einem Überwindung kosten, ist aber meist mit einer eigenen Art von Zufriedenheit verbunden. Schwieriger gestaltet sich das Loslassen, wenn vermeintlich negative Gefühle im Spiel sind. Der Appell: „Du musst halt loslassen!" ist nicht hilfreich. Dort, wo das Loslassen zu einer Ideologie wird, die beim Befolgen eines empfohlenen Rezeptes Heil verspricht, steht das Funktionieren höher als die Menschlichkeit. Menschen funktionieren nicht nach Plan, sie sind empfindsame Wesen mit einer eigenen Wahrnehmung und unterschiedlichen Wertvorstellungen. Wenn jemand den gut gemeinten Rat nicht verwirklichen kann, stellt sich oft ein diffuses Schuldgefühl ein.

Im Bereich der Trauer widmet Monika Müller in ihrem Buch „Unwiederbringlich" ein ganzes Kapitel dem Thema „Vom Unsinn des Loslassens". „Man habe nicht nur die Erlaubnis, seine Toten und Verlorenen zu behalten, sondern man dürfe sie in sich hinein nehmen wie eine Speise, wie ein Lebens-Mittel ins eigene Leben aufnehmen."[32] Beim Verlust eines lieben Menschen sind wir traurig und Trauer ist eine angeborene menschliche Fähigkeit. 1980 war es noch selbstverständlich, wenn jemand ein Jahr lang um einen nahen Angehörigen trauerte. 1994 empfahl man mindestens zwei Monate Trauerzeit abzuwarten, bevor man Trauer als beginnende depressive Episode einstufte. Heute läuten bei manchen Menschen bereits nach wenigen Wochen die Alarmglocken, da es nicht normal sei, länger als zwei Wochen zu trauern. Eigenes Leid zu bewältigen und fremdes Leid zu lindern, ist möglich, indem wir den Schmerz respektieren, anstatt ihn zu vermeiden.

„Leiden zu lindern – all das ist unser Daseinszweck. Deshalb sind wir auf der Welt, um gegen unseren Schmerz anzukämpfen und, wenn möglich, den Schmerz anderer zu lindern. So einfach. Und doch so schwer zu begreifen."[33] Diese Gedanken von Andre Agassi aus seiner Biografie „Open" sind bedenkenswert. Lindern könnte bedeuten, ich lasse dich jetzt nicht allein, sondern ich bleibe solange wie es dir gut tut – und ich dazu die Kraft habe.

In der Erfahrung von Leidvollem könnte mutig zu leben bedeuten, die eigene Hilflosigkeit zu akzeptieren und keine Modelle zu suchen, wie Ohnmacht zu verhindern wäre. Verständnis für die schwierige Situation könnte Entlastung und innere Befreiung auslösen, doch die Wirkung von Worten hat Grenzen. Viktor E. Frankl schrieb dazu: „Wo alle Worte zu wenig wären, dort ist jedes Wort zu viel."

Nicht nur Schicksalsschläge fordern unseren Mut zum Leben heraus, sondern auch Alltägliches im familiären und beruflichen Umfeld, wie Meinungsverschiedenheiten, Streit oder Missverständnisse. Der Umgang mit Konflikten hat großen Einfluss auf die Atmosphäre unseres Miteinanders. Es gibt Menschen, die sagen klar und bestimmt ihre Meinung, und manche vermeiden Klarheit, weil sie die Folgen fürchten. Wir alle kennen Menschen, die bei den kleinsten Unstimmigkeiten mit beleidigtem Schweigen reagieren. Eine angespannte Atmosphäre am Arbeitsplatz beeinträchtigt die Leistungsfähigkeit, ungute Stimmung in der Familie verhindert unbeschwertes Wohlfühlen. Jeder Mensch verbreitet eine bestimmte Atmosphäre und während wir uns zu manchen Menschen hingezogen fühlen, gehen wir anderen gegenüber lieber auf Distanz. Es gibt frustrierte und unzufriedene Menschen, die ihren Unmut bei anderen abladen. Sicher gibt es Situationen, die wir als ungerecht empfinden, doch es gibt verschiedene Arten, sie zu bewältigen. Man kann sich empören, jammern, klagen oder man beginnt zu lernen und erkennt neue Wege.

Zwischen Leidenschaft und Lethargie

Für ein sinnvolles Leben gibt es kein Rezept, nur Ideen, Anregungen und Inspiration dazu, wo Sinn erfahren werden kann. Sinn erleben wir, indem wir Werte verwirklichen. Viktor E. Frankl beschreibt drei Kategorien von Werten: schöpferische Werte, Erlebniswerte und Einstellungswerte. Die schöpferischen Werte würden wir heute mit dem Begriff der Leistungsfähigkeit, Erlebniswerte mit Genussfähigkeit bezeichnen. Einstellungswerte fordern unser Ja und unsere Leidenschaft zum Leben heraus und manchmal stellen sie uns auf eine harte Probe. Einstellungswerte sind immer dann gefragt, wenn wir weder leistungsfähig sein können, noch die Möglichkeit haben zu genießen.

Lethargie und schlechte Passivität schleichen sich beispielsweise dann ein, wenn uns ein Mensch begegnet, der das Gutgemeinte warnend ausspricht: „Schau auf dich!", „Schon dich!" Im ersten Augenblick tut uns dieses Mitgefühl gut. Dann kommt der Moment, in dem in unserem Hirn folgende Aktion abläuft: Der Hinweis, auf unser Wohlbefinden zu schauen, ruft in uns jede Menge Erinnerungen an Erlebnisse wach, in denen wir uns überfordert haben. Gerne geben wir der Warnung Recht. Nur was ist mit Schonung gemeint? Gar nichts tun? Auf den ersten Blick ein verlockender Gedanke und manchmal sehr befreiend. Bedenklich wird es, wenn die Lethargie zu lange andauert und daraus Teilnahmslosigkeit und Interesselosigkeit entstehen. Meist lässt das Selbstmitleid nicht lange auf sich warten. Selbstmitleid ist die Illusion, dass jemand kommt, der uns die Verantwortung für uns selbst und unser Tun oder für das Ja zum Leben abnimmt. Teilnahmslosigkeit und Interesselosigkeit führen zum Verlust der Handlungsfähigkeit und in der Folge landen wir in erlernter Hilflosigkeit. Strategien der Beschwichtigung kennen wir, doch leider fehlt ihnen Weitblick und Zuversicht. Strategien kennen nämlich nur ein Muster: „Wenn ... dann". „Wenn du zu viel tust, dann kommst du zu kurz." Kaum etwas ist in unserer Wohlstandsgesellschaft mehr verbreitet als die Angst, zu kurz zu kommen. Dabei geht es nicht um das materielle Zu-kurz-Kommen. Es sind die Bedenken, dass wir aufgrund unseres Engagements enttäuscht werden könnten. Die Beschwichtigung verhindert Mühe und die Bereitschaft, sich für eine gute Sache einzusetzen.

Beispiele von Menschen, die leidenschaftlich eine Idee belebten und sich auf den Weg machten:

(1) 2007 hielt der neunjährige Felix Finkbeiner aus Bayern in seiner Schule ein Referat über Wangari Maathai, die in Afrika in dreißig Jahren 30 Millionen Bäume gepflanzt hatte. Trotz seines jungen Alters setzte er sich für diese Idee ein und es entstand die Initiative „plant for the planet". Mittlerweile wurden auf allen fünf Erdteilen mehr als 14 Milliarden Bäume gepflanzt, das Ziel sind 1000 Milliarden. Jeder gepflanzte Baum entzieht der Atmosphäre pro Jahr ca. 10 kg CO_2. Im Internet findet man auf der Homepage von „plant for the planet" Informationen in sechs verschiedenen Sprachen – auch in Chinesisch. (www.plant-for-the-planet.org)

(2) Statt Bäume zu pflanzen gingen Menschen in Grand Rapids, einer Stadt im amerikanischen Bundesstaat Michigan, singend und tanzend auf die Straße. Grand Rapids wurde von der Zeitung „Newsweek" aufgrund hoher Arbeitslosigkeit und sinkender Einwohnerzahlen als sterbende Stadt bezeichnet. Diesem Urteil stellten sich die Bewohner entgegen, starteten eine Image-Kampagne, sammelten Geld und drehten ein Musikvideo, in dem junge und ältere Menschen, Feuerwehrleute, Sportler, Tänzer und Musiker auf den Straßen der Stadt singen und tanzen. Das Video brachte es im Internet auf knapp sechs Millionen Aufrufe.

(3) Zum folgenden Beispiel passt der Gedanke von Friedrich Hölderin: „Wo aber Gefahr ist, da wächst das Rettende auch."

Gaviotas ist eine Ökosiedlung in Kolumbien und wurde 1971 gegründet, um zu erkunden, ob und wie Menschen in einem unwirtlichen Land leben könnten. Paolo Lugari holte Wissenschaftler nach Südamerika, die speziell für diese öde Gegend Erfindungen entwickeln sollten. Sie schafften es, eine Wasserpumpe zu entwickeln, die in größere Tiefen vordringt, als es bisher möglich war. Es gelang ihnen auch Energie zu erzeugen, ohne die Erde zu zerstören. Am Beginn wurde das Projekt von der UNO finanziell unterstützt, als die Förderungen eingestellt wurden, fand Lugari heraus, dass Kolumbien jährlich für fünf Millionen Dollar Lösungsmittel und Kolophonium einführt, Stoffe, die sich aus Kiefernharz gewinnen lassen. Die Erdkrume war nur zwei Zentimeter tief und lange Testreihen waren erforderlich, um einen Sprössling zu finden, der auf diesem Boden gedeiht. Mittlerweile wachsen zwei Millionen Kiefern und andere Pflanzen. Gaviotas hat den Regenwald neu belebt und Paolo Lugari sagt: „Wir sind kein Modell, sondern ein Weg, wir müssen uns den Realitäten anpassen."

(4) Das vierte Beispiel stammt aus der Grafschaft Cornwall in England. Cornwall ist zwar eine beliebte Urlaubsgegend, aber auch Englands ärmster Landesteil. Im Laufe der Zeit wurde die Gegend wegen hoher Arbeitslosigkeit, Armut, Drogenmissbrauch und Kriminalität bekannt. Die Situation wurde immer auswegloser, bis zwei Mitarbeiter des Gesundheitsdienstes beschlossen, etwas dagegen zu unternehmen. Sie organisierten Bürgerversammlungen, um zu hören, was nach Ansicht der Bewohner schiefgegangen war, und ermutigten die Leute Vorschläge zu machen, wie man etwas verbessern konnte. Häuser wurden renoviert, Bäume gepflanzt, Anwohner begannen ihre Gärten zu pflegen und graue Fassaden wurden bunt. Damit hatte ein Prozess begonnen, der die Bürger von ihrer Lethargie und Frustration weg zu einem positiven Gemeinschaftsgefühl lenkte. Die Arbeitslosigkeit ging um 70 % zurück und die Kriminalität sank beträchtlich.

Wer seine Fähigkeiten für die Gemeinschaft einsetzen möchte, kann sich vom Dokumentarfilm „Tomorrow" inspirieren lassen. David Nabarro, UN-Beauftragter für Klimapolitik, sagte über diesen Film: „Dieser Film sollte Teil der Ausbildung aller politischen Verantwortlichen weltweit sein." Cyril Dion und Mélanie Laurent reisten in zehn Länder und erlebten, wie die Vision einer anderen Welt Wirklichkeit werden kann. Im Gegensatz zu Dokumentarfilmen, welche die Zerstörung der Erde aufzeigen, sieht man in „Tomorrow" was geschieht, wenn Menschen leidenschaftlich ihre Ideen verwirklichen. Der Film dient als Anschauungsunterricht und zeigt eine Landwirtschaft, die ohne Düngemittel und Pestizide auskommt, sowie demokratische Ideen einer Kleinstadt in Indien, in der die Bürger an Entscheidungen beteiligt waren, gegen die Kriminalisierung etwas zu tun. Hochgesteckte Ziele in San Francisco betreffen die Wiederverwertung von Müll. Bis 2020 soll die Abfallmenge der Stadt auf null reduziert werden und man ist auf einem guten Weg dazu. An der Kirkkojarvi Schule in Finnland haben 43 % der Schüler Migrationshintergrund und viele von ihnen sprechen bei ihrer Ankunft kein Wort Finnisch. Die Lehrer schufen Vorbereitungsklassen, die es den Kindern ermöglichen, in Kunst, Sport und praktischen Arbeiten ausgebildet zu werden, während sie gleichzeitig die finnische Sprache lernen. In dieser Schule gibt es, wie überall in Finnland, weder für Schüler noch für Lehrer standardisierte Tests. Es gibt keine Klassenarbeiten und keine Zeugnisse am Ende des Schuljahres. Der einzige standardisierte Test ist die Matura. Ab der Mittelstufe können die Schüler an Jahresabschlusstests teilnehmen, wenn ihr Klassenlehrer dem zustimmt. Dabei geht es allerdings eher um die Neugierde als um den Wettbewerbsgeist. Die Ergebnisse werden nämlich nicht veröffentlicht.

Natalie Knapp beschreibt in ihrem Buch „Kompass neues Denken" eine Initiative, die in Wolfurt in Vorarlberg entstanden ist. Zwölf Einwohnerinnen und Einwohner wurden nach dem Zufallsprinzip ausgewählt und eingeladen, Verbesserungsvorschläge für die Gemeinde zu erarbeiten. Der BürgerInnen-Rat kam zu einem unerwarteten Ergebnis: „Eigentlich geht es uns in Wolfurt gut!" Trotzdem dachten die Mitglieder dieses Gremiums nach, wie sie die hohe Lebensqualität in ihrer Gemeinde erhalten können. Der Bürgermeister wurde für seinen Mut mit einem Innovationspreis ausgezeichnet.

Es gibt viele ermutigende Initiativen und viel Gutes, von dem in den Meldungen des Tages selten berichtet wird. Jede und jeder von uns hat die Möglichkeit, im persönlichen Umfeld auf das Hoffnungsvolle und Lebensbejahende zu achten und dies auch mit anderen zu teilen. Kritikfähigkeit können wir trotzdem pflegen, sofern Kritik konstruktiv ist und dem Leben dient. Alles was uns freut, können wir auf eigene Art und Weise stärken. Wichtig erscheint mir, dass wir dem JA zum Leben nicht zu oft ein ABER hinzufügen. Das ABER nach dem JA schwächt unsere Begeisterungsfähigkeit, unsere Lebensfreude und unsere Dankbarkeit.

Wir brauchen immer wieder Stunden, in denen wir der Dankbarkeit Raum geben und entdecken können, dass wir sehr viel Grund zur Dankbarkeit haben. Wir brauchen auch eine gesunde Neugier und lebendiges Interesse, damit wir statt Ja aber JA UND sagen können. Ganz so wie Kinder fragen: „Und was kommt dann?"

Schlussfolgerung

Was hat mich hierher geführt? Auf diese Frage leihe ich mir eine Antwort von Tiziano Terzani: „Vordergründig die übliche Kette kleiner Schritte, Zufälle, Entscheidungen, die erst im Nachhinein von jemandem gelenkt scheinen, auf den wir wenig Einfluss haben." 2005 erhielt ich vom Kösel Verlag die Einladung, gemeinsam mit Günter Funke das Buch „Vertrau auf dein Gefühl" zu schreiben. Aus dem gemeinsamen Projekt wurde ein einsames. Im August 2016 kam die Einladung von Brunhilde Steger, meiner Lektorin im Tyrolia Verlag, das vergriffene Buch als Taschenbuch neu aufzulegen.

Während des Schreibens habe ich mir immer wieder die Frage gestellt: Wofür schreibe ich noch ein Buch? Da stehen auf der einen Seite die Erkenntnisse, die ich durch die Logotherapie gewonnen habe und durch die ich befreiter und vertrauensvoller leben kann. Auf der anderen Seite können vielleicht meine Erfahrungen dazu beitragen, dass Menschen Impulse für ein befreites und verantwortetes Leben finden können. Für mich sind die Inhalte der Logotherapie Orientierung zum Beantworten meiner Lebensfragen geworden. Darüber hinaus trugen die Erkenntnisse der neurobiologischen Wissenschaft viel zu meinem Verständnis bei, was unserem Gehirn möglich ist und was nicht. Für mich war es eine große Befreiung zu entdecken, dass das menschliche Gehirn nicht klar denken kann, wenn Angst und Stress zu intensiv die Kommandozentrale im Gehirn übernehmen. Früher war ich geprägt von der Einstellung, wenn ich mich anstrenge, dann gelingt mir dies und jenes. Persönliches Bemühen und engagierter Einsatz sind eine gute Sache, doch das Erkennen, dass auch das Engagement für das Gute Grenzen hat, stärkte meine vertrauensvolle Gelassenheit.

Als ich entdeckte, dass es mir nicht gelingt meiner Mutter so zu begegnen, dass sie mit mir zufrieden ist, suchte ich nach Orientierung, wie mir dieses Vorhaben gelingen könnte. Aufgrund dessen, was mir in Familie und Schule beigebracht worden war, erfüllte ich in erster Linie das, was von mir erwartet wurde. Daraus entstand eine Fehlhaltung, die zu Fehlhandlungen führte. Um eine körperliche Fehlhaltung zu korrigieren, sind äußere Stützen erforderlich, um eine seelische Fehlhaltung zu verändern, sind Erkenntnisse aus philosophischen, psychologischen und anderen Wissensgebieten hilfreich. Die Umsetzung dieser Erkenntnisse ist ein herausfordernder Prozess, der lange dauert. Bis ich entdeckte, dass nicht ich allein für die gute Atmosphäre in der Familie verantwortlich bin, ist viel Zeit vergangen. Ein „AHA-Erlebnis" schenkte mir besonders viel Entlastung. Der Graben zwischen zufriedenen und unzufriedenen Menschen kann von den zufriedenen nicht überwunden werden. So entlastend diese Erkenntnis war, sie stimmte mich traurig und mir fiel ein Gedanke von Viktor E. Frankl ein: „Es ist viel einfacher und leichter, zwischen Engeln und Teufeln zu unterscheiden, als sich der Mühe zu unterziehen jedem einzelnen Menschen gerecht zu werden."[34]

Als Schlussfolgerung bleibt die Erkenntnis, dass jedes Rezept und jedes Dogma, das über Menschen Macht gewinnt, unmenschlich ist und ziemlich sicher in die Sackgasse der Verzweiflung führt. Es gibt kein Gebot und kein Verbot, das in jeder Lebenslage umsetzbar ist. Letztlich geht es um unsere Liebesfähigkeit.

Ich selbst habe diese Stärkung immer wieder nötig, manchmal mehr und manchmal weniger. Gedanken sind Kräfte und Gedanken von Menschen, die sich für diese neue Menschlichkeit eingesetzt haben, gibt es sehr viele. Václav Havel war einer von ihnen und den Ausschnitt einer seiner Reden möchte ich gerne mit Ihnen teilen:

Ich würde Sie heute gerne um eines bitten: dass Sie alles Bittere, Geschmacklose, Abstoßende und Ungerechte, auf das Sie in unserem *öffentlichen* Leben stoßen, nicht einfach als gegeben akzeptieren – weil die Welt schlecht ist, immer schlecht sein wird und es gar nicht anders sein kann. Ich bitte Sie im Gegenteil zu versuchen, diese häßlichen Erscheinungen als Warnzeichen zu verstehen, die uns alle zu neuem und tieferem Nachdenken *über* den Sinn der uns gemeinsamen Dinge aufrufen.

Und noch eines meiner Gefühle muß ich zum Schluß erwähnen: Ich bin mir mit jedem Tag gewiß, daß es *überhaupt* nicht schaden würde, wenn wir etwas dafür täten, daß hie und da trotz allem Wahrheit und Liebe *über* Lüge und Haß siegen.[35]

Anmerkungen

1 Dietrich Bonhoeffer, Brautbriefe Zelle 92, 51

2 Romano Guardini, Die Annahme seiner selbst, 13

3 Philipp Lahm, Jeder ist auswechselbar, in: DIE ZEIT, Nr. 12/2016

4 Viktor E. Frankl, Logotherapie und Existenzanalyse, 141

5 Textauszug aus: Martin Schleske, Herztöne. Lauschen auf den Klang des Lebens © 2016 by adeo, in der Gerth Medien GmbH, Asslar, mit freundlicher Genehmigung des Verlags

6 Uwe Böschemeyer, Das Leben meint mich

7 Anthony de Mello, Eine Minute Unsinn

8 Viktor E. Frankl, Ärztliche Seelsorge

9 Gerald Hüther, Bedienungsanleitung für ein menschliches Gehirn, 130

10 Textauszug aus: Peter Turrini, Ein paar Schritte zurück. Gedichte. © Suhrkamp Verlag Frankfurt am Main 2002. Alle Rechte bei und vorbehalten durch Suhrkamp Verlag Berlin

11 Viktor E. Frankl, Der Wille zum Sinn, 167

12 Gerald Hüther, Biologie der Angst

13 Etty Hillesum, Das denkende Herz, 40

14 Hans Joachim Maaz, Das falsche Leben, München 2017, 188

15 Anthony de Mello, Der Dieb im Wahrheitsladen

16 Anthony de Mello, Der Dieb im Wahrheitsladen

17 Roger Willemsen, Der Findling. Erinnerungen an Peter Ustinov, http: www.zeit.de/2004/15/ustinov

18 Haim G. Ginott, Teacher and Child

19 Doris Wagner, Nicht mehr Ich, 280

20 Viktor E. Frankl, ... trotzdem Ja zum Leben sagen

21 Dorothee Sölle, Mystik und Widerstand 31

22 Gioconda Belli, Die Verteidigung des Glücks, 264

23 Viktor E. Frankl, … trotzdem Ja zum Leben sagen, 141

24 Anton Zeilinger, Protokoll der „Academy of Life", in: Wiener Zeitung, 12./13. Juli 2002

25 Viktor E. Frankl/Pinchas Lapide, Gottsuche und Sinnfrage

26 Aus: Heinz Erhardt, „15 Vierzeiler", in: Das große Heinz Erhardt Buch © Lappan Verlag, Oldenburg

27 Aus: Heinz Erhardt, „An einen Pessimisten", in: Das große Heinz Erhardt Buch © Lappan Verlag, Oldenburg

28 Aus: Lukas Bärfuss, Stil und Moral. Essays © Wallstein Verlag Göttingen 2015

29 Götz W. Werner, Womit ich nie gerechnet habe, 12

30 Hermann Hesse, Klingsors letzter Sommer

31 Aus: Erich Kästner, Zeitgenossen, haufenweise, Erschienen in: Lärm im Spiegel © Atrium Verlag, Zürich 1929 und Thomas Kästner

32 Monika Müller/Matthias Schnegg, Unwiederbringlich, 166

33 Andre Agassi, Open, 394

34 Viktor E. Frankl, Gesammelte Werke, 236

35 Václav Havel, Moral in Zeiten der Globalisierung, 188

Wir danken für die freundliche Genehmigung zum Abdruck. Leider war es nicht in allen Fällen möglich, die Rechteinhaber zu ermitteln. Wir bitten um Hinweise an den Verlag. Allfällige Ansprüche werden gerne nachträglich abgegolten.

Literatur

Andre AGASSI, Open. Das Selbstporträt, München 2011

Lukas BÄRFUSS, Stil und Moral. Essays, Göttingen 2015

Gioconda BELLI, Die Verteidigung des Glücks. Erinnerungen an Liebe und Krieg, München 2010

Dietrich BONHOEFFER, Brautbriefe Zelle 92. Dietrich Bonhoeffer, Maria von Wedemeyer. 1943–1945, herausgegeben von Ruth-Alice Bismarck und Eberhard Bethge, München 2001

Uwe BÖSCHEMEYER, Das Leben meint mich. Meditationen für den neuen Tag. Text zum 22. April, Hamburg 2007

Heinz ERHARDT, Das große Heinz Erhardt Buch, München 1996

Viktor E. FRANKL, ... trotzdem Ja zum Leben sagen, München 1977

– Der Wille zum Sinn, Ausgewählte Vorträge über Logotherapie. Mit einem Beitrag von Elisabeth S. Lukas, München/Zürich 1991

– /Pinchas LAPIDE, Gottsuche und Sinnfrage, Gütersloh 2005

– Ärztliche Seelsorge, Wien 2005

– ... und trotzdem Ja zum Leben sagen. Und ausgewählte Briefe (1945–1949), herausgegeben von Alexander Batthyany, Karlheinz Biller und Eugenio Fizotti, Wien/Köln/Weimar 2005

– Gesammelte Werke, Band 2, Wien 2006

Haim G. GINOTT, Teacher and Child (dt: Takt und Taktik im Klassenzimmer. Ein psychologischer Leitfaden für Eltern und Erzieher), Freiburg i. Br. 1985

Romano GUARDINI, Die Annahme seiner selbst. Den Menschen erkennt nur, wer von Gott weiß, Kevelaer 2014

Václav HAVEL, Moral in Zeiten der Globalisierung, Reinbek bei Hamburg 1998

Hermann HESSE, Klingsors letzter Sommer, Frankurt a. M./Leipzig 2017

Etty HILLESUM, Das denkende Herz. Die Tagebücher von Etty Hillesum 1941–1943, übersetzt von Maria Csollány, herausgegeben von J. G. Gaarlandt, Reinbek bei Hamburg [27]1985

Gerald HÜTHER, Bedienungsanleitung für ein menschliches Gehirn, Göttingen [12]2016

– Biologie der Angst. Wie aus Streß Gefühle werden, Göttingen [13]2016

Erich KÄSTNER, Lärm im Spiegel, München 2005

Natalie KNAPP, Kompass neues Denken. Wie wir uns in einer unübersichtlichen Welt orientieren können, Reinbek bei Hamburg, [4]2013

Anthony de MELLO, Eine Minute Unsinn, Freiburg i. Br. 1993

– Der Dieb im Wahrheitsladen, herausgegeben von Ewald Müller, Freiburg i. Br. 1997

Monika MÜLLER/Matthias SCHNEGG, Unwiederbringlich. Von der Krise und dem Sinn der Trauer, Göttingen 2016

Erika PLUHAR, Mehr denn je. Alle Lieder, St. Pölten 2009

The PRINCE of WALES/Toni JUIPER/Ian SKELLY, Harmonie. Eine neue Sicht unserer Welt, München 2010

Oliver SACKS, Dankbarkeit, illustriert von Bill Hayes, übersetzt von Hainer Kober, Reinbek bei Hamburg [5]2015

Martin SCHLESKE, Herztöne. Lauschen auf den Klang des Lebens, Asslar 2016

Dorothee SÖLLE, Mystik und Widerstand, Hamburg 1997

Jill TAYLOR, Mit einem Schlag. Wie eine Hirnforscherin durch ihren Schlaganfall neue Dimensionen des Bewusstseins entdeckt, München 2008

Doris WAGNER, Nicht mehr ich. Die wahre Geschichte einer jungen Ordensfrau, Wien 2014

Götz W. WERNER, Womit ich nie gerechnet habe. Die Autobiographie, Berlin 2015